ルナヘヴンリィ。

大人の
かぎ針編み
アクセサリー

LUNARHEAVENLY

中里 華奈

はじめてでも
作りやすい
モチーフ20

SE
SHOEISHA

はじめに

これまで、かぎ針で編んだ草花を着色し、
色彩豊かな作品を作ってきました。
本書では着色をせず、白、生成、黒の糸そのままの色を
楽しめる作品を紹介いたします。
糸の美しさが際立ち、
今までにないシックな作品に仕上がりました。

純白の糸で編んだ草花は、
透明感があり清らかなイメージに。
生成の糸で編んだ草花は、ドライフラワーのような、
アンティークのような風合いも生まれます。
黒の糸で編んだ草花は、
レース生地を思わせるような美しさも感じます。
ひと色で作ったアクセサリーはどんな洋服にも合い、
上品な繊細さを添えてくれます。

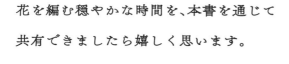

シンプルな色で表現してみて、
植物の姿かたちが際立ち、
それを表現するおもしろさに
あらためて感動を覚えました。
花弁や葉の形を観察しながらかぎ針を動かし、
新しいパターンがたくさん生まれました。

糸の手触り、編み目に針が入る感触。
「編む」ことの奥深さをあらためて感じています。
糸とワイヤーだけで草花を表現できる楽しさは
格別なものがあります。

花を編む穏やかな時間を、本書を通じて
共有できましたら嬉しく思います。

Lunarheavenly
中里 華奈

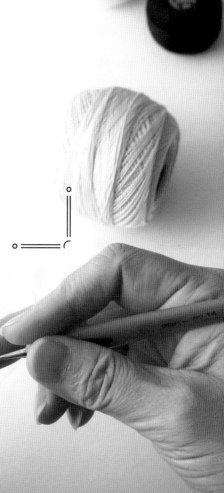

もくじ

アネモネ
P46

ユリ
P81

パンジー
P40

アナベル
P80

8

桜
。———。
P72

ローズマリー
P90

ラベンダー
P78

レモン
P92

わすれな草
P34

アイビー
P70

スズラン
P76

シロツメクサ
P86

タンポポ
P84

バラ
°—°
P54

月下美人
P89

金木犀
P74

紅葉
P69

ユーカリ
P94

クリスマスローズ
P82

ポインセチア
P88

20

この本の使い方

この本では、全20種類の作品を紹介しています。そのうちのわすれな草、パンジー、アネモネ、バラの4つは、練習としてプロセス写真付きで作り方を解説しています。他の作品作りの基本となるものなので、参考にしてください。
作品の作り方ページの見方は以下の通りです。

作品名

モチーフの名前です。作品名の下には特徴やポイントなどを記載しています。

口絵ページ・作品サイズ

口絵に掲載しているページ数と、完成した作品の直径や長さを記載しています。

材料

作品作りに必要な糸やワイヤーの種類など。基本の材料についてはp23、アクセサリー作りに使う材料についてはp58を参照してください。口絵に掲載している作品は、すべて♯80の糸を使用しています。

作り方

作品の作り方です。編み方は、同じページに掲載している編み図と、LESSON1〜4をそれぞれ参照しながら編みましょう。完成写真のように、花と葉を組み立て、茎を作るところまでを完成としています。

完成写真

口絵に掲載している、花と葉を組み立て、茎を作った状態の写真です。でき上りの参考にしてください。

編み図

編み方の設計図のようなものです。見方については、p27〜33の基本の編み方や編み目記号を参照してください。

ポイント

LESSON1〜4には登場しないテクニックや、各作品の作り方で難しいところなどを写真つきで解説しています。

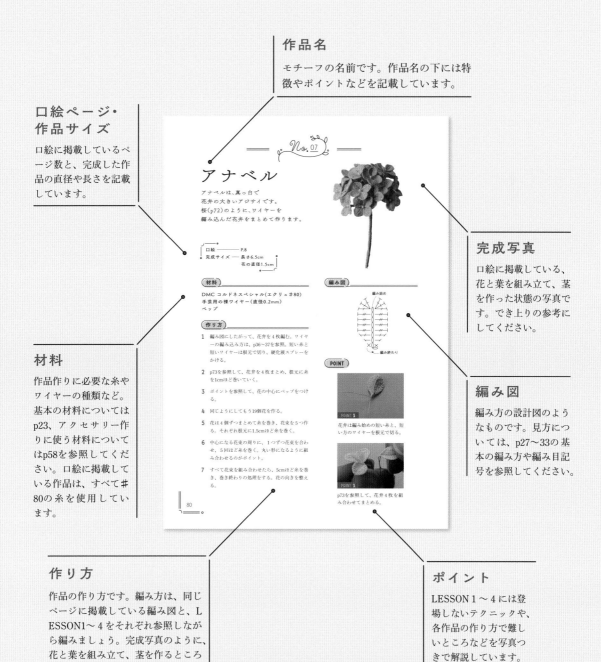

No. 07

アナベル

アナベルは、真っ白で花弁の大きいアジサイです。桜(p72)のように、ワイヤーを編み込んだ花弁をまとめて作ります。

口絵 —— P.8
完成サイズ —— 長さ6.5cm
花の直径1.5cm

材料

DMC コルドネスペシャル(エクリュ♯80)
手芸用の裸ワイヤー(直径0.2mm)
ペップ

作り方

1　編み図にしたがって、花弁を4枚編む。ワイヤーの編み込み方は、p36〜37を参照。短い糸と短いワイヤーは根元で切り、硬化液スプレーをかける。

2　p73を参照して、花弁を4枚まとめ、根元に糸を1cmほど巻いていく。

3　ポイントを参照して、花の中心にペップをつける。

4　同じようにしてもう19個花を作る。

5　花は4個ずつまとめて糸を巻き、花束を5つ作る。それぞれ根元に1.5cmほど糸を巻く。

6　中心になる花束の周りに、1つずつ花束を合わせ、5回ほど糸を巻く。丸い形になるように組み合わせるのがポイント。

7　すべて花束を組み合わせたら、5cmほど糸を巻き、巻き終わりの処理をする。花の向きを整える。

編み図

編み始め

編み終わり

POINT

POINT 1
花弁は編み始めの短い糸と、短い方のワイヤーを根元で切る。

POINT 1
p73を参照して、花弁4枚を組み合わせてまとめる。

80

21

この本で使う道具・材料

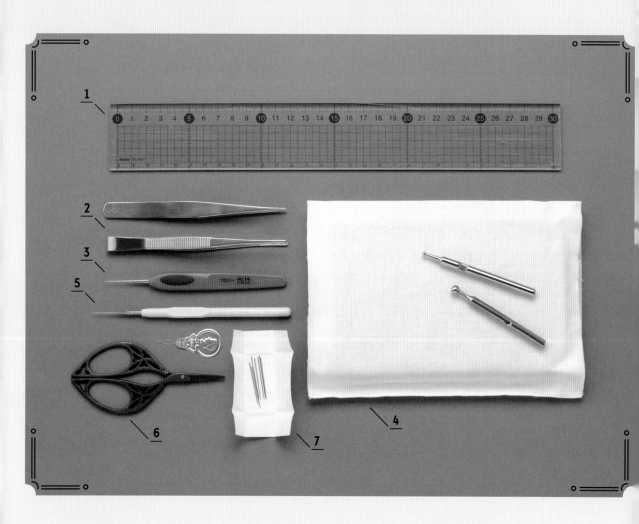

1 定規

編んだ花や葉、ワイヤーやアクセサリー用のチェーンなどの長さやサイズを測ります。

2 ピンセット

編んだ花や葉の形を整える際には先の丸いものを、パーツをつける際などには先の細いものを使うとよいでしょう。

3 編み針

No.14（0.5mm）のレース針を使っています。きつく編みたい方は、さらに細い0.45〜0.4mmの針を使っても。

4 コテ台・コテ先

スズランなど、丸みのある花の形を整えるときに。布花などを作る際に使う、手芸用コテの先だけを使います。コテ先のサイズは「スズランコテ」の大と極小。先端の丸いピンセットで代用しても。

5 目打ち

編み目を広げる際に使います。細いものを選ぶとよいでしょう。

6 ハサミ

編んだ後や組み立てるときに、糸やワイヤーを切ります。切れ味がよく、先が細い手芸用のものを使います。

7 縫い針・糸通し

編んだ花をガクや茎と組み立てるときや、アクセサリーパーツに縫いつけるときに使用。糸通しがあると便利。細い糸には細めのものを、太い糸には太めのものを使うとよいでしょう。

この本では、レース糸で編んだ花や植物のモチーフを組み合わせて作品を作ります。
まずは、作品作りに使う道具と材料を紹介します。
アクセサリーに仕立てる際に使う材料は、p58に掲載しています。

1 硬化液スプレー

編んだ花や葉の形が崩れないよ
うに使います。換気しながら、
金属パーツなどにつかないよう
にかけましょう。

2 接着剤

花を組み立てる際にレース糸をワ
イヤーに巻きつけたり、編んだ花
を他のパーツに固定したりする際
に使います。

3 ほつれ止め

糸をワイヤーに巻きつけた後に、
糸端が取れてこないようにする
ため使います。接着剤で代用し
ても。

4 レース糸

花や葉などを編む際に使います。
詳しくは、p24を参照してくだ
さい。

5 ブリオン

花芯として編んだ花につけます。
ネイルアート用のパーツとして
販売されている、ガラスブリオ
ンを使います。

6 ペップ

アートフラワーで花芯として使
用されるパーツです。1～2mm
ほどの小さなもので、白いもの
を使います。

7 手芸用ワイヤー

茎を細く作りたい花に使います。
この本では、手芸用の裸ワイヤ
ーの直径0.2mmのものを使用。

8 地巻ワイヤー

花の茎として、アートフラワー
用の地巻きワイヤーの#35、
#26を使っています。

糸について

この本では、花を編むレース糸の色
をそのまま生かし、黒・白・エクリ
ュ（生成）の糸だけを使っています。
シックで大人っぽく仕上がり、さま
ざまな服装・アイテムに合わせやす
いアクセサリーになります。とはい
え、レース糸には、太さも色もたく
さんの種類があります。好みに合わ
せて太さや色を選んで、作品作りを
楽しんでください。

この本で作品作りに使用しているDMCのコルドネスペシャル。エクリュの糸を例に、太さの違いを紹介します。パンジーの花弁の一部を編んだもので比較してみましょう。

#80
Lunarheavenlyの作品で、基本的に使用している太さの糸です。作り方のページに記載している作品サイズは、この糸で編んだものです。黒のみDMCスペシャルダンテルを使用。

#60
#80より太めの糸です。作品の大きさは、#80の糸とそれほど変わりません。コルドネスペシャルにはこの番手の黒はないため、他のメーカーのものを使いましょう。

#40
#80の作品と比べるとひと回り大きい仕上がりになります。この番手にも黒はないため、他のメーカーのものを使いましょう。

#20
さらに大きな作品ができます。この番手がコルドネスペシャルで一番太い糸です。黒はDMCセベリアに#20の糸があります。

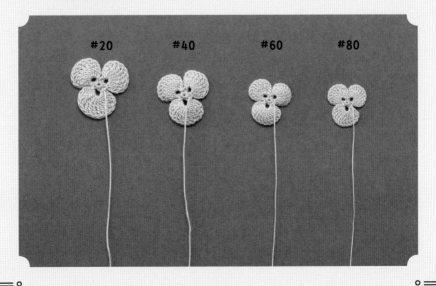

練習用の糸について

P27からの編み方の解説ページでは、編み目を見やすくするためにDMCセベリア#10の糸を使用しています。色はBLANC(白)と318(グレー)です。初めて編む方は、#80の糸ではなく太い糸で練習すると、編み方のコツや針を入れる目がどこかわかりやすいのでおすすめです。わすれな草(p34)など1枚で完成する小さな花を繰り返し編んでみましょう。下に掲載したパンジーとバラの写真のうち、左側は練習用の糸で編んだもの、右側は#80の糸で編んだものです。

パンジー
(p40)

バラ
(p54)

色糸について

DMCスペシャルダンテルには、さまざまな色の糸があります。この本に掲載している作品のうち、黒い糸で作られたものはこの糸のNOIR(黒)を使用しています。美しい光沢があり、発色の鮮やかな糸ばかりなので、モチーフによって色糸を使って編んでみると美しい仕上がりになります。

ポインセチア
(p88)

アナベル
(p80)

レモン
(p92)

かぎ針編みの基本

花や葉は、かぎ針編みの技法で編んでいきます。針の持ち方からかぎ針編みの基本を紹介します。鎖目は基本となる編み方なので、一定の力加減で編むようにしましょう。練習して慣れておくと、編み目が整った美しい仕上がりになります。

針の持ち方

針の持ち手を親指と人差し指で持ったら、中指を軽く添える。

糸のかけ方

1 右手で糸端から10cmほどのところを持ち、左手の小指と薬指の間から糸を出す。人差し指にかける。

2 糸端を左手の親指と中指で持ち、人差し指を軽く立てる。薬指は軽く曲げて糸をはさみ、糸の引き具合を調節する。

鎖編みの作り方

1 針を糸に当て、1回巻きつける。

2 巻きつけたところ。

3 針を糸にかけて引き、巻きつけた輪の中に通して引き抜く。

4 引き抜いたところ。この部分は作り目には数えず、次から編む目から作り目に数える。

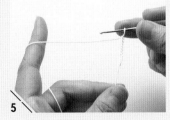

5 3と同様にして、針に糸をかけて引き抜き、繰り返して必要な目数を編んでいく。

鎖編みの表裏

鎖編みの編み目には表と裏があり、針ですくう目が違うので注意しましょう。表の編み目の上側の糸を「鎖の半目」といいます。裏側の編み目の中央にわたっている糸を「裏山」といいます。

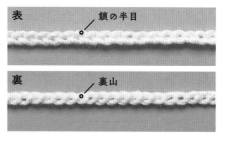

表　鎖の半目

裏　裏山

輪の作り目（立ち上がりの鎖1目まで）

1　花は「輪の作り目（編み図では「わ」と表記）」をして、中心から編む。人差し指に糸を2回かける。

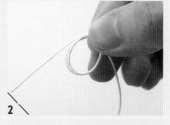

2　糸が交差している部分を右手の指で持ち、そっと糸を引き抜く。

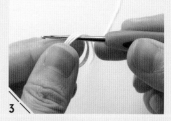

3　左手に輪を持ち替え、輪の中に針を入れる。

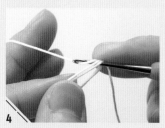

4　糸を左手の中指にかけ、針に糸をかけて引き出す。

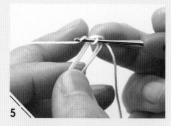

5　輪の上から針に糸をかける。

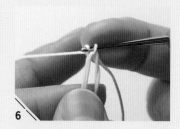

6　そのまま引き抜く。

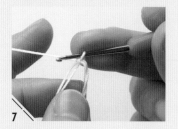

7　引き抜いたところ。

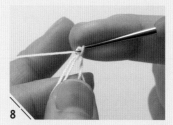

8　針に糸をかけて引き抜き、鎖編みをする。

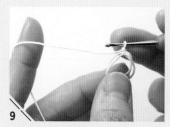

9　引き抜いたところ。これが立ち上がりの鎖1目となる。

編み目記号と編み方

基本の編み方

この本で紹介する作品には「編み図」を掲載しており、どの編み方で編んでいくか記号で記されています。登場する編み目記号と編み方を紹介します。

◯ 鎖編み

かぎ針編みの基本。「作り目」という編み目の元になる部分にも使います。p27でも解説。

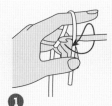    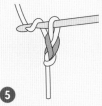

① 針を矢印のように回して糸をかける。

② 針に糸をかけ、**1**で作った輪の中から引き抜く。

③ 糸端を引いて輪を引き締める。この目は1目に数えないので注意。

④ 針に糸をかけ、針にかかった目の中から引き抜く。

⑤ 鎖1目が完成。**4**を繰り返し、必要な目数を編んでいく。

● 引き抜き編み

目と目をつないだり、留めたりするのに使います。よく登場する編み方。

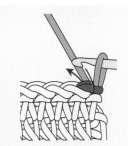 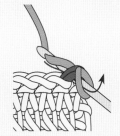

① POINT!

前段が鎖編みの場合は、鎖の半目と裏山に針を入れます。もしくは裏山のみに針を入れます（半目と裏山についてはp28を参照）。細編みや中長編みなども同様。

① 前段の頭の鎖2本に、矢印のように針を入れる。

② 針に糸をかけ、引き抜く。

✕ 細編み

かぎ針編みの基本の編み方のひとつ。花の輪の作り目にもよく使います。

   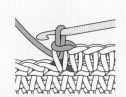

① 前段の頭の鎖2本に、矢印のように針を入れる。

② 針に糸をかけ、引き出す。

③ もう一度針に糸をかけ、針にかかった2本の中から一度に引き抜く。

④ 細編み1目が完成。**1**～**3**を繰り返して編んでいく。

POINT!

立ち上がりの鎖1目は、小さいため目数に数えないので注意。p30で紹介する中長編みは立ち上がりの鎖2目も目数に数えます。鎖の目数は異なりますが、長編みや長々編みも同様。

29

中長編み
花弁などによく登場する編み目です。立ち上がりの鎖2目も目数に数えます。

 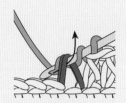 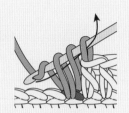 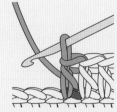

1 編み始めは立ち上がりの鎖2目を編む。針に糸をかけ、前段の頭の鎖2本に矢印のように針を入れる。

2 針に糸をかけ、鎖2目分の高さになるように糸を引き出す。

3 もう一度針に糸をかけ、針にかかった3本の中から一度に引き抜く。

4 中長編み1目が完成。**1**〜**3**を繰り返して編んでいく。

長編み
こちらも花弁によく使います。立ち上がりの鎖3目も目数に数えます。

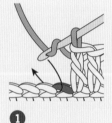  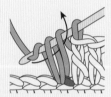  

1 編み始めは立ち上がりの鎖3目を編む。針に糸をかけ、前段の頭の鎖2本に矢印のように針を入れる。

2 針に糸をかけ、鎖3目分の高さになるように糸を引き出す。

3 もう一度針に糸をかけ、針にかかった2本の中から一度に引き抜く。

4 もう一度針に糸をかけ、針にかかった2本の中から一度に引き抜く。

5 長編み1目が完成。**1**〜**4**を繰り返して編んでいく。

長々編み
長編みより鎖1目分長く、立ち上がりの鎖4目も目数に数えます。

  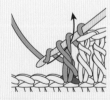 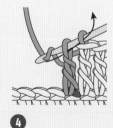 

1 編み始めは立ち上がりの鎖4目を編む。針に糸を2回巻き、前段の頭の鎖2本に、矢印のように針を入れる。

2 針に糸をかけ、鎖4目分の高さになるように糸を引き出す。もう一度針に糸をかけ、針にかかった2本の中から一度に引き抜く。

3 もう一度針に糸をかけ、針にかかった2本の中から一度に引き抜く。

4 さらにもう一度針に糸をかけ、針にかかった2本の中から一度に引き抜く。

5 長々編み1目が完成。**1**〜**4**を繰り返して編んでいく。

三つ巻き長編み

長々編みより長く、針に糸を3回巻いて
編みます。立ち上がりの鎖5目も目数に
数えます。

1 編み始めは立ち上がり
の鎖5目を編む。針に
糸を3回巻きつけ、前
段の頭の鎖2本に矢印
のように針を入れる。

2 針に糸をかけ、鎖5目
分の高さになるように
糸を引き出す。

3 もう一度針に糸をかけ、
針にかかった2本の中
から一度に引き抜く。

4 もう一度針に糸をかけ、
針にかかった2本の中
から一度に引き抜く。

5 さらにもう一度針に糸
をかけ、針にかかった
2本の中から一度に引
き抜く。これをもう一
度繰り返す。

6 三つ巻き編み1目が完
成。1〜5を繰り返し
て編んでいく。

鎖3目のピコット編み

丸い小さな編み目になり、花弁の先端などに
使います。ここでは鎖3目の編み方を紹介。

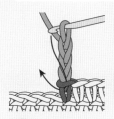

1 鎖を3目編み、根元
の頭半目と足部分の
糸1本(半分)に針を
入れる。

2 針に糸をかけ、針に
かかった糸の中から
一度に引き抜く。

3 鎖3目のピコット編
みが完成。

細編みのすじ編み

編んだ部分を曲げるときに使
用。他にも編み目記号に下線
があるものがすじ編みです。

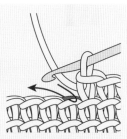

1 前段の頭の鎖をすくう際に、
向こう側の糸1本(半目)に針
を入れる。細編みと同様に編
む。

POINT!

こう編むことで、手前の糸1
本(半目)が「すじ」として残
ります。輪に花を編むときは、
編地の表側にすじができます。

未完成の編み目とは

最後の引き抜きをせず、針に糸の輪
をかけたままの状態を「未完成の編
み目」といいます。p32で紹介する
「減らし目」などに使います。

増やし目と減らし目

∨ = ∨ 細編みを2目編み入れる（増やし目）

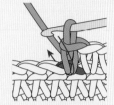 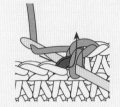 

1 p29を参照して細編みを1目編む。矢印のように同じ目にもう一度針を入れる。

2 細編みをもう一度編む。

3 細編みを2目編み入れたところ。目が1目増えた。

POINT!
同じ目に複数回編み入れることで目を増やします。

∧ = ∧ 細編みを2目一度（減らし目）

1 p29の細編みの手順3の途中まで進め、糸を引き出す（未完成の編み目）。引き抜かずに次の目に針を入れる。

2 針に糸をかけて引き出し、もう一度針に糸をかけ、針にかかった3本の中から一度に引き抜く。

3 引き抜いたところ。前段の2目が1目になった。

POINT!
細編みの最後の引き抜きをせずに、2回目の細編みをはじめ、2回分の糸をかけて一度に引き抜きます。

編み目記号の足の違い

左側の編み目記号のように、記号の下側（足）の部分が3つくっついているものと離れているものがあります。図の左にある離れているものは、前段の鎖編み部分（この場合は鎖3目）をすべてすくって編みます。くっついているものは、前段の指定の目をすくって編みます。

花弁を編み進める際に、目を増やしたり減らしたりしてカーブや模様を作っていきます。
細編みと長編みを例にしますが、他の編み方でも同じように行います。

Ⅴ 長編みを2目編み入れる（増やし目）

❶ p30を参照して長編み
を1目編む。針に糸を
かけ、矢印のように同
じ目にもう一度針を入
れる。

❷ 長編みをもう一度編む。

❸ 長編みを2目編み入れ
たところ。目が1目増
えた。

Ａ 長編みを2目一度（減らし目）

❶ p30を参照して長編み
を1目編む。針に糸を
かけ、引き抜かずに次
の目にもう一度針を入
れる。

❷ 長編みをもう一度編む。

❸ 長編みをもう一度編ん
で引き抜いたところ。
前段の2目が1目にな
った。

3目以上を編み入れる

増やし目について、ここでは2目編み
入れる際のテクニックを紹介しました。
花によっては、3目以上編み入れるも
のもあります。8目編み入れるものも。
編み入れる数は増えますが、基本は同
じ。ひとつの編み目に何度も編んでい
きます。

わすれな草

小花を束ねて作るので、練習にぴったり。
葉はワイヤーを編みこんで作ります。
口絵の作品は、小花を7枚、
葉を大中小各1枚ずつ編んで作ります。

口絵 ──────── P.12
花の直径 ──────── 9mm(2cm)

材料

DMC コルドネスペシャル
(エクリュ＃80、BLANC＃80)
DMCスペシャルダンテル(NOIR＃80)
地巻きワイヤー(白＃35)

編み図

花

★ 編み終わり
編み始め

葉
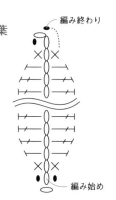
編み終わり
編み始め

＊大：鎖30目
＊中：鎖25目
＊小：鎖20目

編み図の★で印したところは、花弁の
先などをほんの少し尖らせたいときに
使う独自の編み方になります。わすれ
な草をはじめ他の花でも使います。

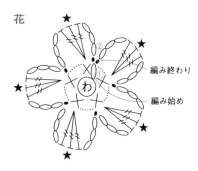

1

p28を参照して輪の作り目をし、細編み1目をゆるめに編む。長々編み3目を編み入れるので、きつく編まないこと。

2

残りの細編み4目を編む。

3

かぎ針を一度外し、編み始めの糸端を引く。輪のどちらの糸が動くか確認する。

4

3で動いたほうの輪を引いて、輪を引き締める。

5

編み始めの糸端を引き、残りの糸も引き締める。

6

1段目の細編みの頭の鎖に針を入れ、針に糸をかけて引き抜く。これで1段目が完成。

7

2段目を編む。鎖3目を編む。

8

長々編みを2目編む。

9

編み図の★を編む。長々編みの足部分、左側の糸1本(左の写真で丸印をつけたところ)を針ですくう。

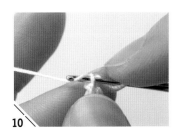

10

針に糸をかけて引き抜く。

11

★の編み目が完成。花弁の先端がとがった形になる。

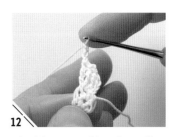

12

長々編みを1目編んだら、鎖3目を編む。

13

次の日に針を入れ、針に糸をかけて引き抜く。

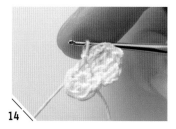

14

花弁が1枚完成。同様にして残りの花弁4枚を編む。

15

5枚目の**花弁**を編んだら、1段目の立ち上がりの鎖に針を入れる。

16

針に糸をかけて引き抜く。

17

糸を30cmほど残して切り、糸端を引き抜く。

18

花が1枚完成。編み始めの糸端は根元で切る。

19

編み終わりの糸端を裏に出していく。糸が出ている目に裏側から針を入れ、針に糸をかける。

20

裏側へ糸を引き抜く。

21

糸を裏から出して完成。必要な枚数を編み、ピンセットで形を整える。

22

葉(小)を編む。p27の鎖編みの作り目の3まで作り、結び目を引き締める前にワイヤーを通す。

23

糸を引き締め、ワイヤーの真ん中に結び目がくるようにする。

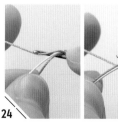

24

ワイヤーと編み始めの糸端を一緒に持つ。ワイヤーの下から針を入れ、針に糸をかけ、ワイヤーの下から引き出す。

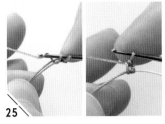

25 そのままワイヤーの上から針に糸をかけ、針にかかった2本の糸を引き抜く。

26 同じようにもう19目編む。これが編み図の鎖編みの作り目となる。

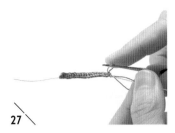

27 針を固定し、ワイヤーを左に向かって手前から回転させる。

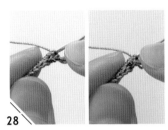

28 向こう側半目に針を入れる。

29 針に糸をかけて引き抜く。

30 次の向こう側半目に針を入れる。

31 細編みを1目編む。

32 同じように向こう側半目に針を入れて、中長編み1目、長編み1目を編む。

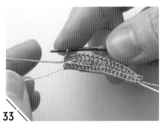

33 同じように向こう側半目に針を入れて、長編み14目編み、中長編み1目、細編み1目を編んで引き抜く。

34 鎖1目編み、鎖の1つ下の糸と、鎖の作り目の残した半目に針を入れる。

35 ワイヤーをよけて針に糸をかけ、針にかかった糸3本を引き抜く。こうすることで先端がとがった形になる。

36 葉の片側が完成。

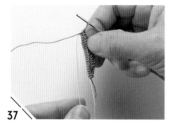

37
編んだ部分がワイヤーの真ん中に来るようにし、ワイヤーを半分に曲げる。

38
編んだ片側が下に来るように持つ。

39
残した半目に針を入れ、ワイヤーの下から針を通し、針に糸をかける。

40
ワイヤーの下から糸を引き出し、細編み1目編む。

41
針に糸をかけて次の半目に針を入れる。

42
ワイヤーの下から針を入れ、針に糸をかける。

43
針にかかった糸3本を引き抜く。これで中長編み1目編んだところ。

44
長編みを14目編み、針に糸をかけて次の半目に針を入れる。

45
ワイヤーの下から針を入れて糸をかけて糸を引き出し、半目を引き抜く。針に糸をかけ、針にかかった糸3本を引き抜く。

46
次の半目に針を入れ、ワイヤーの下から針を入れる。針に糸をかける。

47
半目を引き抜き、針に糸をかけて針にかかった糸2本を引き抜く。これで細編み1目が完成。

48
残りの半目に針を入れる。

49 ワイヤーの下から針を入れ、糸をかけて引き抜く。

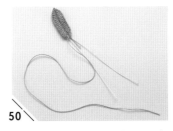

50 糸を30cmほど残して切り、糸端を引き抜く。葉が完成。同じようにして必要な枚数を編む。

51 花は裏側を上にしてコテ台にのせる。コテ先で花弁に丸みをつける。表側を上にし、中央にコテ先を当てる。

52 ワイヤーを半分に曲げる。片方の先端を花の中央の編み目に入れ、もう片方も近い編み目に入れて通す。

53 花の部分に硬化液スプレーをかけて乾かす。葉にもスプレーをかけておく。

54 ワイヤーに接着剤を薄くつけ、糸を巻いていく。

55 糸を巻いたところ。残りの花は糸の巻き終わりの位置を合わせ、組み合わせる位置のバランスを見ながら糸を巻いていく。

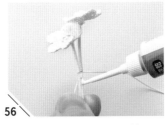

56 糸の巻き終わりの位置を揃えて2つ目の花をつける。接着剤を薄くつけ、糸を巻いていく。

57 3つ目の花も糸の巻き終わりの位置を合わせて、組み合わせていく。

58 葉も同じように根元に5mmほど糸を巻き、糸の巻き終わりの位置を揃えて花と組み合わせていく。

59 花と葉をすべて組み合わせたら、茎に硬化液スプレーをかけて乾かす。人差し指に接着剤をつけ、糸の巻き終わりに薄く塗る。

60 接着剤が乾いたら、ワイヤーと糸を斜めに切り落とす。切った部分に接着剤をつけて乾かす。

パンジー

前と後ろ、2枚の花弁を編んで
重ねて作るタイプの花。
花の後ろにはガクもつけました。
口絵の作品は葉を3枚つけています。

口絵 ——————— P.7
完成サイズ —— 長さ3.5cm
　　　　　　　　花の直径1.7cm（3.5cm）

材料

DMC コルドネスペシャル
（エクリュ＃80、BLANC＃80）
DMCスペシャルダンテル（NOIR＃80）
地巻きワイヤー（白＃35）

編み図

花弁（前）

花弁（後）

葉（小）

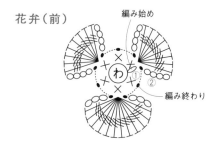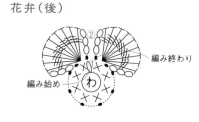

葉（大）　　　ガク

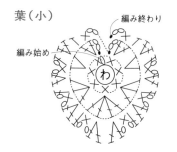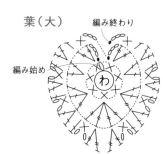

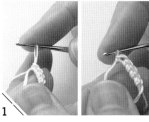

1

花弁(前)を作る。p28を参照して輪の作り目をし、細編みを6目編む。5つ目はゆるめに編む。

2

輪を引き締め、1段目の手前側の半目に針を入れ、針に糸をかけて引き抜く。1段目が完成。

3

2段目を編む。鎖編みを4目編み、針に3回糸を巻きつけ、同じ目に針を入れる。

4

三つ巻き長編みを1目編んだところ。

5

同じ半目に三つ巻き長編みを全部で8目編み入れる。

6

鎖編みを4目編み、同じ半目に引き抜く。

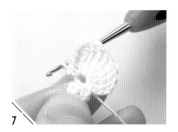

7

引き抜いたところ。

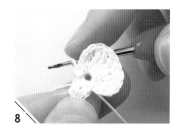

8

次は半目ではなく、1目に針を入れ引き抜く。

9

次の半目に針を入れ、編み図にしたがい2枚目の花弁を編む。

10

同様にして3枚目の花弁まで編み、最後に鎖編みを3目編む。

11

1段目の6つめの目に針を入れて引き抜く。

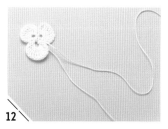

12

糸を30cmほど残して切り、糸端を引き抜く。**花弁(前)**が完成。短い糸は切っておく。

13 花弁(後)を作る。p41の **1** 〜 **2** を参照して輪の作り目をし、細編みを8目編み、輪を引き締める。

14 2段目を編む。1目めの手前半目に花弁を編み入れ、同じ目に引き抜く。

15 花弁1枚目を編んだところ。

16 次の1目に針を入れ、針に糸をかけて引き抜く。

17 引き抜いたところ。

18 同じように、次の1目に針をひろっていき、引き抜き編みを4目編む。

19 次の1目に針を入れ、2枚目の花弁を編み入れる。最後の鎖編みを3目編み、同じ目に引き抜く。

20 糸を30cmほど残して切り、糸端を引き抜く。**花弁(後)**が完成。短い糸は切っておく。

21 **ガク**を編む。p28を参照して輪の作り目をし、鎖編みを5目編む。

22 編んだ鎖の左隣の1目に針を入れる。

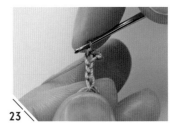

23 針に糸をかけて引き抜く。

24 同じように、左隣の半目に針を入れ、引き抜き編みを3目編む。

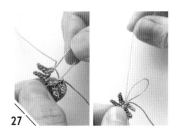

25

輪の下から針を入れ、針に糸を
かけ、輪の下から糸を引き出し、
針に糸をかけて引き抜く。

26

同じようにして、編み図にした
がって編み進め、最後に引き抜
く。

27

p35の **3〜5** を参照して輪を引
き締める。

28

糸を30cmほど残して切り、糸
端を引き抜く。**ガク**が完成。短
い糸は切っておく。

29

葉(小)を作る。p41の1を参照
して輪の作り目をし、細編み4
目を緩く編む。編み、輪を引き
締める。

30

輪を引き締め、1段目の最初の
1目に針を入れる。

31

針に糸をかけて引き抜く。1段
目が完成。

32

鎖編みを2目編み、同じ目に針
を入れ、長編みを2目編む。

33

長編みを2目編んだところ。次
の目に中長編みを2目編み入れ
る。

34

2段目の真ん中、長編み4目ま
で編んだところ。

35

編み図に従い、2段目の最後ま
で編んだら、2段目の最初の目
に針を入れる。

36

針に糸をかけて引き抜く。2段
目が完成。

37 ３段目を編む。鎖編みを２目編み、１段目の長編みの頭に針を入れ、細編みを１目編む。

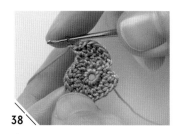

38 編み図にしたがって、編み進めていく。

39 最後まで編んだら同じ目に針を入れ、針に糸をかけて引き抜く。

40 糸を30cmほど残して切り、糸端を引き抜く。もう１枚も同じように編み、短い糸を切る。

41 花の糸を処理する。花弁(後)の編み終わりの糸を縫い針に通し、編み終わりの目に針を入れ裏側に糸を出す。裏側に針を入れる。

42 同じように、表側に出ない裏側の編み地に２〜３回糸をくぐらせ、根元で糸を切る。

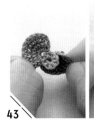

43 花弁(後)は裏側を上にしてコテ台にのせる。

44 コテ先を軽く押し当て、花弁に丸みをつける。

45 花弁(前)も同じように糸を処理して、花弁に丸みをつける。

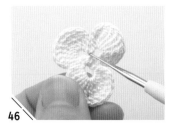

46 花弁(前)は、中心の穴のひとつ上の編み目に目打ちを入れ、編み目を広げる。

47 ワイヤーを半分に折り曲げ、片方は46で広げた編み目に入れ、もう片方は花弁の間に入れる。

48 ワイヤーを差し込み、花の根元で押さえる。

49 **48**でつけたワイヤーを、花弁(後)の中心に差し込む。

50 花弁(後)の下部分に接着剤を少しつけ、前側の花弁としっかり留める。

51 花弁(前)と花弁(後)を組み立てたところ。花の部分に硬化液スプレーをかけて乾かす。

52 **ガク**は表側に糸を出す。裏側を上にして花のワイヤーを中心に差し込み、接着剤をつけて留める。

53 花の根元から0.7cmほどの部分に接着剤を薄くつけ、糸を巻いていく。

54 ピンセットで茎の部分を曲げて、形を整える。

55 葉は最後に引き抜いた目に目打ちを入れて広げ、半分に曲げたワイヤーの片方を差し込む。

56 ワイヤーを最後まで差し込み押さえる。根元から0.7cmほどの部分に接着剤を薄くつけ、糸を巻く。

57 葉の根元を親指と人差し指で挟んで持ち、ピンセットで形を整え、硬化液スプレーをかけて乾かす。

58 p39の55〜57を参照して花と葉の位置を合わせながら、糸を巻いて組み立てていく。

59 花と葉をすべて組み合わせ、1cmほどの部分に接着剤を薄くつけて糸を巻く。茎に硬化液スプレーをかけて乾かす。

60 p39の**59〜60**を参照して、糸の巻き終わりを処理して完成。

アネモネ

1枚で3層の花弁を編んで作ります。
大輪の花が華やかです。6・7段目の編み図は、
わかりやすいように分けて記載。

口絵 ——— P.6

完成サイズ ── 長さ7.5cm（10.5cm）
　　　　　　　花の直径2cm（3.5cm）

材料

DMC コルドネスペシャル（BLANC＃80）

DMCスペシャルダンテル（NOIR＃80）

地巻きワイヤー（白＃35）

編み図

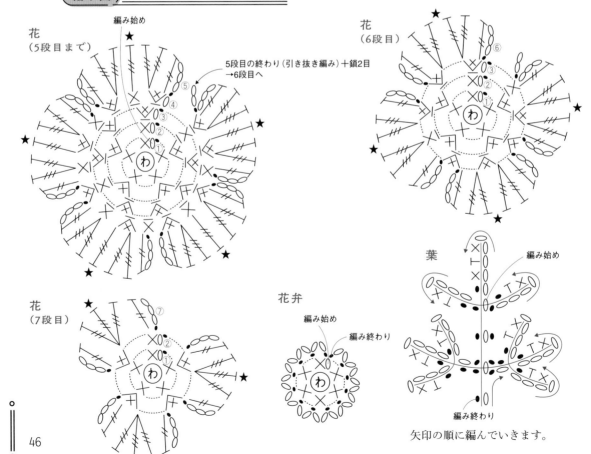

花（5段目まで）

編み始め ★

5段目の終わり（引き抜き編み）＋鎖2目
→6段目へ

花（6段目）

花（7段目）

花弁

編み始め
編み終わり

葉

編み始め

編み終わり

矢印の順に編んでいきます。

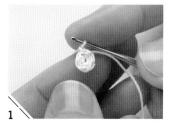

1

p41の **1** ～ **2** を参照し輪を作り、細編み5目編み、輪を引き締める。最初の細編みの目に引き抜く。

2

2段目を編む。鎖編みを1目編み、同じ目に針を入れて細編みをする。

3

次の1目に針を入れ、細編みを2目編み入れる。

4

同じように、編み図にしたがって細編みを2目編み入れていく。これで1段目の5目が9目になる。

5

2段目の向こう側半目に針を入れ、針に糸をかけて引き抜く。

6

2段目が完成。

7

3段目を編む。鎖1目編み、2段目の頭の鎖の向こう側半目に針を入れ、細編みを2目編み入れる。

8

次も同じように、向こう側半目に針を入れ、細編みを編む。2目編み入れていく。

9

編み図にしたがって編み進める。これで2段目の9目が16目になる。

10

3段目の向こう側半目に針を入れ、針に糸をかけて引き抜く。3段目が完成。

11

4段目を編む。鎖1目編み、3段目の頭の鎖の向こう側半目に針を入れ、細編みを編む。

12

3段目と同じように同じ目にもう一度細編みを編み入れる。編み図にしたがって編んでいく。

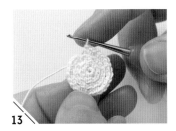

13

3段目の16目が25目になる。4段目の最初の細編みの頭に引き抜く(ここは半目にしない)。

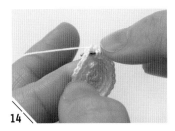

14

5段目を編む。鎖3目編み、針に糸を2回巻きつけて、同じ目に針を入れ、長々編みを編む。

15

長々編みを編んだところ。

16

次の目に三つ巻き長編み2目、その次の目に三つ巻き長編み1目まで編んだら、★部分を編む(p35の**9〜10**を参照)。

17

編み図にしたがって鎖3目まで編み、同じ目に引き抜く。

18

花弁1枚が完成。

19

同じように、残りの花弁も編み図にしたがって編む。5段目が完成。

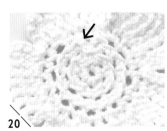

20

写真の矢印で示した部分(3段目の最初の手前側半目)が次に引き抜くところ。

21

20の矢印の部分に目打ちを入れ、広げる。

22

鎖編みを2目編み、広げた部分に針を入れる。

23

針に糸をかけて引き抜く。

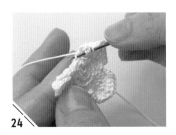

24

鎖編みを3目編み、針に糸を2回巻きつけ、同じ半目に針を入れる。長々編みを1目編む。

25

5段目の花弁を後ろに押さえながら編むと編みやすい。次の目に三つ巻き長編みを編む。

26

同じ目にもう一度三つ巻き長編みを編む。

27

編み図の★部分を編む(p35の**9〜10**を参照)。

28

次の半目に三つ巻き長編み2目、その次の半目に長々編み1目編み入れ、鎖編みを3目編む。

29

同じ半目に針を入れ、針に糸をかけて引き抜く。

30

6段目の1枚目の花弁が完成。同じようにもう3枚の花弁も編む。6段目が完成。

31

21と同じように、7段目を編み入れる半目に目打ちを入れ、広げる。

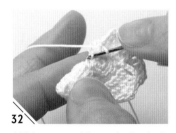

32

鎖編みを2目編み、広げた部分に針を入れる。

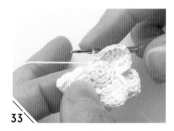

33

針に糸をかけて引き抜く。

34

鎖編みを3目編み、針に糸を2回巻きつけ、同じ半目に針を入れる。

35

長々編みを1目編む。

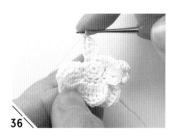

36

次の半目に三つ巻き長編みを2目編み入れる。

37

p35の**9〜10**を参照し、編み図の★部分を編む。同じ目半目に三つ巻き長編みを1目編み入れる。

38

次の半目に長々編みを編み、鎖編みを3目編んで同じ目に引き抜く。

39

7段目の1枚目の花弁が完成。同じようにもう2枚の花弁も編んだら、7段目が完成。

40

糸端を20cmほど残して切る。縫い針に糸を通して裏側に糸を出し、編み地に糸を通す。

41

ほつれないように何度か繰り返したら、根元で糸を切る。**花**が完成。

42

花芯を作る。p41の**1〜2**を参照し輪を作り、細編み6目編み引き締め、1段目の最初の目に引抜く。

43

2段目を編む。鎖編み2目編み、同じ目に引き抜く。

44

細編みを2目編む。

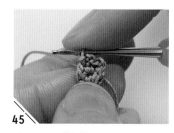

45

次の目に引き抜く。

46

同じように、編み図にしたがって、2段目の最初の目に引き抜く。

47

引き抜いたところ。編み始めの糸は根元で切り、糸端を30cmほど残して切る。

48

縫い針に糸を通して、糸が出ているところから裏側に糸を出す。中心近くから表側に糸を出す。

49
中心に針を刺し、糸を裏側に引き出す。

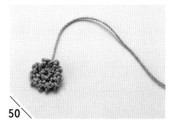

50
花芯が完成。

51
葉を編む。p36の**22**からp37の**25**を参照し、結び目にワイヤーを通す。

52
結び目を引き締め、ワイヤーの中央に移動させる。

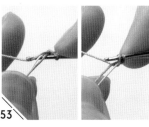

53
ワイヤーの下から針を入れ、針に糸をかけてワイヤーの下から引き出す。

54
そのままワイヤーの上から針に糸をかけ、針にかかった2本の糸を引き抜く。

55
同じようにしてもう4回編む。これが鎖の作り目となる。

56
針を固定し、編み地を左に回転させて持ち替える。写真は回転させた後の状態。

57
鎖の頭の向こう側半目に針を入れ、引き抜く。

58
引き抜いたところ。

59
鎖編みを5目編み、隣の鎖の向こう側半目に針を入れて細編みをする。

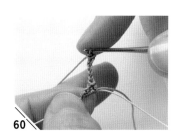

60
細編みができたところ。

61
針に糸をかけ、次の鎖の半目に針を入れ、中長編みを編む。その次の半目に針を入れ、引き抜く。

62
59〜61を3回繰り返す。

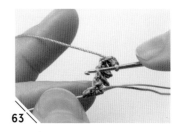

63
3つ編んだうちの1つめの根元の目に針を入れて引き抜く。

64
引き抜いたところ。

65
編み始めの鎖編み5目のうち、1つめの鎖の目に針を入れて引き抜く。

66
ワイヤーに編んだ目のうち、3つめの目に針を入れて引き抜く。

67
その次の目（向こう側半目）に針を入れる。

68
そのまま引き抜く。

69
59〜61をもう一度編み、ワイヤーを折り曲げる。

70
69の矢印をつけた半目に針を入れる。

71
ワイヤーの上から針に糸をかける。

72
そのまま引き抜く。

73 70で針を入れた半目の下の半目に針を入れる。

74 針に糸をかけて引き抜く。

75 59〜61をもう一度編み、73で針を入れた半目の下の半目に針を入れて引き抜く。

76 葉が完成。編み始めの糸は根元で切り、糸端を30cmほど残して切る。

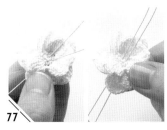

77 組み立てる。ワイヤーを半分に折り曲げ、花の中心とその近くの編み目に差し込む。

78 花芯の編み終わりの糸を縫い針に通し、花の中心に差し込む。

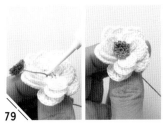

79 花の中心に接着剤をつけ、糸を引いて花心をつけて留める。

80 花の根元、5mmほどの部分に接着剤を薄くつけて糸を巻く。花の形を整え、硬化液スプレーをかけて乾かす。

81 葉は根元、7mmほどの部分に接着剤を薄くつけて糸を巻く。葉の形を整え、硬化液スプレーをかけて乾かす。

82 正面から位置をみながら、糸の巻き終わりをそろえて花と葉を組み合わせる。

83 接着剤を薄くつけて糸を巻く。最後まで糸を巻いたら、茎に硬化液スプレーをかけて乾かす。

84 p39の59〜60を参照して、糸の巻き終わりを処理して完成。

バラ

横に長く編んだ編み地を
巻いて花の形を作っていきます。
ガクはパンジー（p40）と同じ
編み図を元に編んでください。

口絵 ———————— P.16
完成サイズ ——— 長さ8cm（12cm）
　　　　　　　花の直径1cm（2cm）

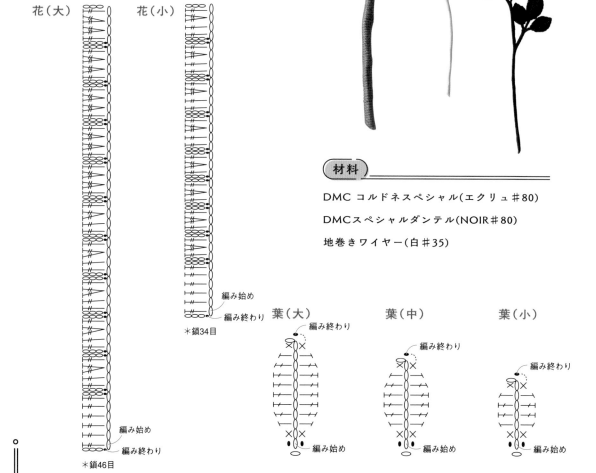

編み図

花（大）　　　花（小）

＊鎖34目

＊鎖46目

編み始め
編み終わり

材料

DMC コルドネスペシャル（エクリュ♯80）
DMCスペシャルダンテル（NOIR♯80）
地巻きワイヤー（白♯35）

葉（大）　　　　　　　葉（中）　　　　　　　葉（小）

編み終わり　　　　　　編み終わり　　　　　　　編み終わり

編み始め　　　　　　　編み始め　　　　　　　　編み始め

1

鎖編みを46目編み、さらに3目編む。針に糸を2回巻きつけ右から4つめの半目に針を入れる。

2

長々編みを1目編む。

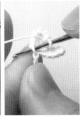

3

編み図にしたがって鎖編みを3目編むところまで進めたら、同じ目に針を入れ引き抜く。

4

引き抜いたところ。編み図にしたがって、同じように編み進める。

5

最後の鎖編み3目まで編み、同じ目に針を入れ引き抜く。糸を15cmほど残して切り、引き抜く。

6

花(大)が完成。p42の**21**からp43の**28**までを参照してガクを作る。

7

葉(中)を編む。p36の**22**からp37の**25**を参照し、結び目にワイヤーを通す。

8

結び目をワイヤーの中央に移動させ、ワイヤーの下から針を入れる。針に糸をかけ引き出す。

9

そのままワイヤーの上から針に糸をかけ、針にかかった2本の糸を引き抜く。

10

同じようにもう9目編む。これが編み図の鎖編みの作り目となる。

11

ワイヤーを左に回して反対にする。向こう側半目に針を入れる。

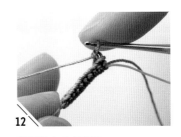

12

細編みを1目編む。

13
編み図にしたがって中長編み、長編み4目、中長編み、細編みを編む。

14
次の半目に針を入れる。

15
針に糸をかけて引き抜く。

16
鎖1目編み、鎖の1つ下の糸と鎖の作り目の残した半目に針を入れる。

17
針にかかった糸3本を引き抜く。

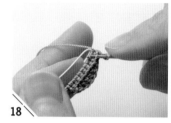

18
ワイヤーを折り、編み地を写真のように持ち替える。残った半目に針を入れる。

19
ワイヤーの下から針を入れ、針に糸をかける。ワイヤーの下から糸を引き出す。

20
細編みを1目編む。

21
同じように半目に針を入れ、ワイヤーの下から針を入れながら、編み図にしたがって編み、引き抜く。

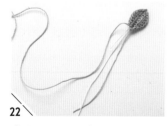

22
糸を30cmほど残して切る。葉(中)が完成。同じようにして全部で**葉(大)**を1枚、**葉(中)**を2枚編む。

23
帯状に編んだ花を巻き留めていく。花の糸が出ているほうの端にワイヤーを通す。

24
ワイヤーを半分に折る。

25 編み地の下側に接着材を少しつける。表が外側になるように巻き留める。

26 ピンセットで端から巻く。接着剤をつけながら、少しずつ巻いていく。

27 ある程度まで巻いたら、写真のように持ち替えて巻きつけていく。位置を調節しながら巻くとよい。

28 最後まで巻いたら、ピンセットで形を整える。表が外側になるように巻いていく。

29 5mmほど残して糸を切り、接着剤をつけて編み地に貼りつける。

30 花にワイヤーをつけたところ。花と葉は形を整えて硬化液スプレーをかけ、乾かす。

31 ガクは表側に糸を出す。裏側を上にして花のワイヤーを中心に差し込み、接着剤をつけて留める。

32 ワイヤーに接着剤を薄くつけ、糸を巻いていく。

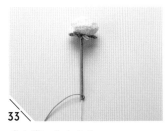

33 糸を巻いたところ。

34 葉は根元に5mmほど糸を巻き、大1枚・中1枚で組み合わせる。中1枚・小2枚でも良い。

35 糸の巻き終わりをそろえて、花と合わせてさらに糸を巻く。

36 茎に硬化液スプレーをかけて乾かし、p39の**59〜60**を参照にして糸の巻き終わりを処理して完成。

アクセサリーの作り方

編んだパーツを使って、アクセサリーを作る方法を紹介します。
これまでに解説した4つの練習用作品を使っていますが、
基本を押さえれば、さまざまな花を使って仕立てることができます。
好みの花で作ってみましょう。

基本の道具について

アクセサリーを作るのに必要な道具です。写真左の平ヤットコはパーツを金具につける際に使用します。2つあると便利。写真右のニッパーはチェーンなどの金具を切るときに。写真中央の両面テープは、ブローチピンに編んだ花などを仮止めする際に使用。p22で紹介した目打ち、縫い針なども使います。

材料について

ピアス・イヤリング

ピアスやイヤリングの金具にはさまざまな種類がありますが、一粒タイプにはシャワー台座つき(写真左)のもの、ドロップタイプはU字のフック式金具(写真右)を使います。

ネックレス

ネックレスを作るときに使うのは、チェーン(写真左)、アジャスター(写真中央)、引き輪(写真右上)、丸カン(写真右下)。チェーンは作りたい長さに切って使います。

ブローチ

ウラピンというパーツを使います。作りたいものに合わせてサイズを選びましょう。材質もさまざまです。

アクセサリー作りの手順について

次のページから、ピアス、ネックレス、ブローチなど種類のアクセサリーの作り方を紹介します。まずはかんたんな一粒ピアスや一輪のブローチから作って練習してみましょう。#80の糸で作っていますが、練習用の糸のように太めの糸で作ってもかわいく作れます。

一粒ピアス

まずは花一輪で作るピアスから。
ピアス金具のシャワー台に
花を縫いつけて作ります。
使う花によって印象が変わります。
シャワー台つきのパーツなら、
イヤリングにしても。

| 完成サイズ ── 花の直径1.8cm |

材料

アネモネ（p46・花と花芯）…………… 各2個
DMC コルドネスペシャル（エクリュ＃80、
BLANC＃80）
地巻きワイヤー（白＃35）
シャワー台つきピアス ………………… 1組
パールキャッチ ………………………… 1組

1
p46〜51を参照し**花**と**花芯**
を2個ずつ編む。花は糸を
裏側に出し、シャワー台の
端の穴に通す。

2
シャワー台の裏側、糸を出
した穴の反対側の穴に針を
入れる。

3
表側の、一番上の花弁の下
あたりから針を出す。

4
3で針を出したところの近
くに針を入れる。

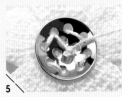

5
シャワー台の外側の穴2個
に糸を渡すようにして縫い
とめる。裏側の中央で玉止
めする。

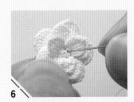

6
花芯は編み終わりの糸を縫
い針に通して裏側に出し、
花の中心に針を入れて差し
込む。

7
花の中心に接着剤をつけ、
花芯をつけてピンセットで
押さえる。

8
シャワー台の裏側から針を
入れる。

9
花芯の中心から針を出し、
もう一度裏側に針を出す。

10
シャワー台の裏側の中央で
玉止めする。

11
玉止めした糸の部分に接着
剤をつけ、シャワー金具の
土台をつける。

12
シャワー金具の土台に爪を
ヤットコで倒し、はさんで
固定する。片方も同じよう
に作る。

ドロップピアス

花につけた茎の部分を輪にして、ピアス金具につけます。
花が揺れる様子がエレガントです。
茎が太くならないようにするのがポイント。

完成サイズ —— 長さ3.5cm
　　　　　　　 花の直径0.9cm

材料

バラ（p54・花大・小）…………………	各1個
バラ（p54・葉大・中）…………………	各1個
DMC コルドネスペシャル（BLANC♯80）	
地巻きワイヤー（白♯35）	
U字 フック式金具ピアス ……………	1組
丸カン ………………………………	2個

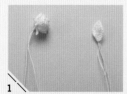

1
p54〜57参照し、花と葉を編む。**花（大）**と**葉（中）**は組み立て、硬化液スプレーをかける。

2
葉のつけ根から1.5cmほどのところまで糸を巻き、その下に接着剤をつける。

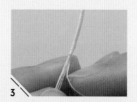

3
7mmほどの部分は糸をまかずにワイヤーに貼りつける。

4
その下からまた糸を巻く。

5
1.2cmほど糸を巻いたところ。

6
5で糸を巻いた部分の中央に目打ちを当てる。

7
目打ちの丸みに沿わせてワイヤーを曲げて輪（カン）を作る。

8
糸を巻いた部分の端を合わせてカンの根元を押さえ、目打ちをはずす。

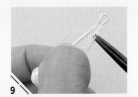 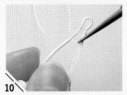  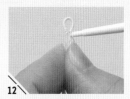

9 不要なワイヤーを切る。その際、ハサミはワイヤーに対して垂直に入れないこと。

10 1か所でそろえて切らないよう、ワイヤーに対して斜めにハサミを入れる。

11 ワイヤーを切ったところ。糸は切らないように注意する。

12 カンの根元を押さえて接着剤を薄くつける。

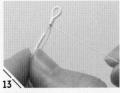  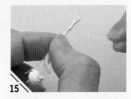 

13 糸を巻いていく。短い糸もワイヤーと一緒に持ってく。

14 カンが広がらないように、しっかり巻く。

15 接着剤をつけ足しながら、糸が巻いてあるところまで巻いていく。

16 短い糸を根元で切る。

17 接着剤をつけ、もう少し糸を巻く。

18 糸端を縫い針に通し、巻き終わりの糸を3〜4本針ですくって糸を通す。

19 糸を引き出して、根元で切る。

20 平ヤットコで茎をはさんで押さえる。

 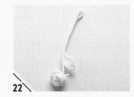  

21 茎の部分に硬化液スプレーをかけて乾かす。

22 花のパーツが完成。

23 平ヤットコでピアス金具のカンの部分を閉じる。

24 平ヤットコで丸カンの左右をはさみ、前後にずらして開く。

25 丸カンに花のパーツのカンを通す。

26 次に丸カンにピアス金具のカンを通す。

27 平ヤットコで左右をはさみ、前後にずらして閉じる。

28 片方が完成。もう片方も同じように作る。

ネックレス

ワイヤーの両端にカンを作って金具をつけます。
糸の色を変えると違った印象に。
アネモネはp46～53を参照して、
花・花芯・葉を2個ずつ編んだら、
ワイヤーの根元1cmほどに糸を巻きます。

完成サイズ ── 長さ5cm
　　　　　　　花の直径1.8cm

材料

アネモネ（p46・花・花芯・葉）	各2個
DMCスペシャルダンテル（NOIR♯80）	
地巻きワイヤー（白♯35）	
DMCスペシャルダンテル（NOIR♯80）	
地巻きワイヤー（白♯26）	1本
チェーン（23cm）	2本
丸カン	6個
アジャスター・引き輪	各1個

1 ワイヤー（♯26）の端から1.5cmほどあけて、1.5cmほどの部分に接着剤を薄くつける。

2 ワイヤーの接着剤がついていない部分を糸と揃えて左に持ち、糸を巻いていく。

3 1.5cmほど糸を巻いたところ（向きは2と左右反対）。

4 糸を巻いた部分の中央に目打ちを当てる。

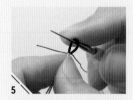

5 目打ちの丸みに沿わせてワイヤーを曲げて輪（カン）を作り、目打ちをはずす。

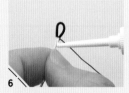

6 糸を巻いた部分の端を合わせてカンの根元を押さえ、接着剤を薄くつける。

7 糸を巻いていく。**花と葉**は硬化液スプレーをかけて乾かす。

8 葉の編み目からワイヤーが見える部分は、黒い油性マーカーで塗る。

9 7のカンのワイヤーに花を組み合わせ、接着材をつけ、カンについた糸で巻く。

10 糸の巻き終わりをそろえて2つ目の花を合わせ、接着剤をつけ、糸で巻いていく。

11 組み合わせたワイヤーが太くなってきたら、花のワイヤーと糸を何本か切る。

12 糸の巻き終わりの位置をそろえて葉を合わせ、接着剤をつけて糸で巻いていく。

13 葉のワイヤーを糸の巻き終わりで切る。

14 残りの葉を合わせて、ピンセットで位置や角度を調整し、ワイヤーに接着剤をつけて糸を巻く。

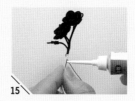

15 5mmほど巻いたらその下に接着剤をつけ、5mmほど糸を巻かずに糸を貼りつける。

16 接着剤をつけてまた糸を巻き始め、1.5cmほど巻く。

17 糸を巻いた部分の中央に目打ちを当てる。

18 目打ちの丸みに沿わせてワイヤーを曲げて輪（カン）を作り、目打ちをはずす。

19 1〜7でカンを作ったワイヤーを残し、ほかのワイヤーを斜めにハサミを入れて切る。

20 カンの根元を平ヤットコで押さえる。糸は短い方を切る。

21 ワイヤーに接着剤を薄くつけ、糸を巻いていく。

22 糸端を縫い針に通し、巻き終わりの糸3〜4本を針ですくって通す。糸を引き出して切る。

23 花のパーツが完成。

24 チェーンの両端の目に目打ちを入れて広げ、丸カンを通して閉じる。

25 丸カンを開いて、チェーンの端につけた丸カンと花のパーツのカンを通して閉じる。

26 もう1本のチェーンも同じようにして花のパーツにつける。

27 丸カンを開き、引き輪についたカンとチェーンの反対側の目を通して閉じる。

28 丸カンを開き、アジャスターとチェーンの反対側の目を通して閉じる。

一輪のブローチ

一輪の花でシンプルに作るブローチ。
花のシルエットが際立ちます。
バラはp54〜57を参照して編み、糸を巻きます。
葉（中）のうち1枚は、♯26のワイヤーを使います。

完成サイズ ── 長さ8.5cm
　　　　　　　　花の直径1cm

材料

バラ（p54・花小）	1個
バラ（p54・葉大）	1個
バラ（p54・葉中）	3個
バラ（p54・葉小）	2個
パンジー（p40・ガク）	1個
DMC コルドネスペシャル（エクリュ♯80）	
地巻きワイヤー（白♯35）	
地巻きワイヤー（白♯26・葉中1枚に使用）	
ウラピン（2cm）	1個

1
花と葉は硬化液スプレーをかけて乾かす。ウラピンの針を開き、台座に両面テープを貼る。

2
両面テープの台紙をはぎ、両面テープで台座を左右からくるむようにする。

3
台座の表側に葉を貼る。糸の巻き終わり位置と両面テープの端を合わせて貼る。

4
ワイヤーに接着剤をつける。

5
ウラピンの台座とワイヤーに糸を巻く。

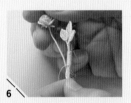

6
半分ほど巻いたら、根元のワイヤーに2.5cmほど糸を巻いた花を合わせる。

7
接着剤をつけて3mmほど糸を巻き、茎が太くなりすぎないよう、糸とワイヤーを何本か切る。

8
接着剤をつけて台座の最後まで糸を巻く。

9
金具をよけて糸を台座の左に出す。ワイヤーに接着剤をつけ、さらに5mmほど糸を巻く。

10
残りの葉は、短いワイヤーを糸の巻き終わりで切っておく。

11
ウラピンにつけた花と葉も、短いワイヤーを切る。

12
残りの葉を合わせて接着剤をつけ糸を巻く。p39を参照して端を処理して完成。

一枝のブローチ

枝ものの植物を使った、ボリュームのある作品。
しなやか植物の佇まいが印象的。
金木犀や桜で作っても。

完成サイズ —— 長さ11cm
　　　　　　　　花の直径1cm
　　　　　　　　葉の長さ2cm

材料

わすれな草（p34・花）	12個
わすれな草（p34・葉大）	2個
わすれな草（p34・葉中）	3個
わすれな草（p34・葉小）	1個
DMC コルドネスペシャル（BLANC＃80）	
地巻きワイヤー（白＃35）	
地巻きワイヤー（白＃35・20cm）	12本
ウラピン（3cm）	1個

1
花と葉を編む。わすれな草の花は、中心の1つ外側の目、隣り合った2か所を目打ちで広げる。

2
地巻きワイヤー（＃35）は端を2cmほどのところで曲げておく。

3
1で広げた2か所の目にワイヤーを通す。

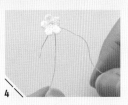

4
ワイヤーを根元まで差し込み、接着材をつけて糸を1.5cmほど巻く。他の花も同様にして作る。

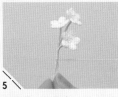

5
花と葉は硬化液スプレーをかけて乾かす。糸を巻く長さはバランスをみて調整し、組み立てる。

6
花を5個組み立てたら、少し糸を巻いた葉（大・中・小1枚ずつ）を組み合わせる。

7
3mmほど糸を巻いたら台座に両面テープを巻いたウラピンにつけ、接着剤をつけて糸を巻く。

8
台座と一緒に5mmほど糸を巻いたら、次の葉を合わせていく。

9
また少し糸を巻いたところで次の葉を合わせる。

10
接着剤をつけて台座の最後まで糸を巻いたら、p64を参照して金具をよけて糸を巻く。

11
1〜5と同じようにして残りの花7個を組み立てる。10に合わせて接着剤をつけて糸を巻く。

12
葉（大1・中2）を1枚ずつ組み合わせていき、p39を参照して端を処理して完成。

リースのブローチ

ワイヤーに糸を巻いてリースの土台を作ります。
ワイヤーのしなやか動きに花が映えます。
パンジー（p40）は花と葉を編み、ワイヤーをつけ
糸を少し巻いて硬化液スプレーをかけておきます。

完成サイズ ── リースの直径5cm
　　　　　　　　花の直径1.7cm
　　　　　　　　葉の直径1cm

材料

パンジー（p40・花）……………………	2個
パンジー（p40・葉大・小）……………	各2個
DMC コルドネスペシャル（エクリュ＃80）	
地巻きワイヤー（白＃35）	
DMC コルドネスペシャル（エクリュ＃80）	
地巻きワイヤー（白＃26）……………	1本
ウラピン（1.5cm）……………………	1個

1
p62の**1〜2**を参照して、地巻きワイヤー（＃26）の端に糸を巻く。

2
そのまま接着剤を少しずつつけながら、4cmほどワイヤーに糸を巻く。

3
花2つと葉（小）を組み合わせ、**2**のワイヤーに糸の巻き終わりをそろえて合わせる。

4
接着剤をつけて糸を巻き、葉（大）を合わせる。接着剤をつけて糸を巻く。

5
葉（大）は糸の巻き終わり位置をそろえ、接着剤をつけて糸を巻く。

6
同じように、葉（小）も糸の巻き終わり位置をそろえ、接着剤をつけて糸を巻く。

7
短いワイヤーは、茎がいきなり細くならないよう、長さを変えながら切っていく。

8
切ったところ。ワイヤーは少しずつ切る位置を変える。

9
接着剤を薄くつけながら、糸を巻いていく。

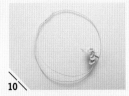

10
ワイヤー全体に糸を巻き終わったところ。糸は切る。

11
花がついているほうの先から、直径5cmほどの輪を作る。ピンを当てて、つける位置を見る。

12
ワイヤーを3〜4回巻いたら、端を輪の中にくぐらせる。

13
輪に巻きつけるようにしてからめていく。

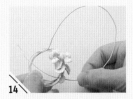

14
ベースの輪に、ゆるやかにワイヤーを巻きつけるようにするときれいに仕上がる。

15
花や葉の間は少しずつワイヤーを通す。

16
花と葉がつぶれないよう、ワイヤーをすき間にくぐらせるように通してからめる。

17
1周からめたところ。

18
巻き始めと巻き終わりのワイヤーと、もう1本ワイヤーをまとめ、両面テープを貼る。

19
両面テープの端に合わせて、巻き終わりのワイヤーを切る。

20
巻き始めのワイヤーも、両面テープの端に合わせて切る。

21
両面テープで台座をくるんだピンをつけ、ワイヤーごと両面テープでくるむ。

22
くるんだところ。

23
新しい糸を30cmほど用意し、糸端を台座の左端に合わせて、写真のように台座の上に貼る。

24
台座の端から、台座と台座を留めたワイヤー2本の下に出す。

25
ピンセットでワイヤーの間から糸を手前に引き出す。

26
右端から台座とワイヤーを糸で巻く。手前に糸を引き出すときはピンセットを使う。

27
端まで糸を巻いたら、左右を反対に持つ。糸端を縫い針に通して、巻き終わりに通す。

28
糸を引き出したら、根元で糸を切り、完成。

花の作り方

この本で紹介している花や植物は、いくつかの作り方に分けられます。
細かい編み図は異なっても、作り方のタイプがわかると、作りやすくなります。
練習はこのうち4つのタイプの花を取り上げて解説しました。

1枚で花弁を編む（アネモネ）

1枚の編み地で何層かの花弁を編むタイプ
です。花弁を編み入れる位置をしっかり理
解して編みましょう。アネモネやタンポポ、
クリスマスローズなど。

花弁を重ねる（パンジー）

花弁を2〜3枚に分けて編み、重ねて花を
形作ります。1枚1枚の花弁を編むのはむ
ずかしくありません。パンジーやシロツメ
クサ、月下美人、ポインセチアなど。

小花をまとめる（わすれな草）

小さな花を編み、ワイヤーをつけて束ねる
タイプ。1枚1枚は編みやすいので、練習
にぴったりのモチーフ。わすれな草や桜、
金木犀、スズランなど。紅葉やアイビーも。

花弁をまとめる（アナベル）

小花と近い作り方で、1枚1枚の花弁を編
み、まとめて1輪の花を作ります。こちら
も編むのは難しくないので、作りやすいで
しょう。アナベル、ユリなど。

巻いて作る（バラ）

横に長く編み、端から巻いて花を形作りま
す。この本ではバラのみ。編むのは難しく
ありませんが、きれいに巻くのが仕上がり
をよくするポイントです。

その他

レモンは立体的に編んで、ユーカリは糸を
ワイヤーに巻いて、それぞれ実を作ります。
作品ページにポイントを紹介しているので
参考にしてください。

紅葉

先の細くなった紅葉の葉。
大中小を編み、組み合わせて枝を作ります。
上から枝が垂れ下がるような
イメージで。

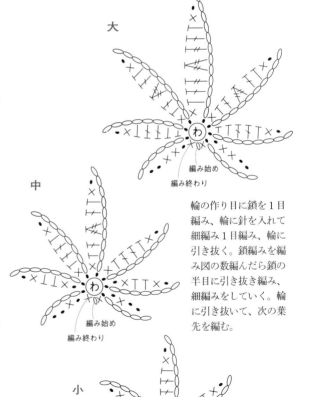

口絵 ――――― P.19
完成サイズ ―― 長さ11cm
　　　　　　　花の直径0.7〜1.5cm

材料

DMC コルドネスペシャル（エクリュ♯80）
地巻きワイヤー（白♯35）

作り方

1 編み図にしたがって、**大6枚、中6枚、小4枚**を編む。

2 p45の55〜56を参照して葉にワイヤーをつけ、硬化液スプレーをかけて乾かす。

3 **中・小**の組み合わせで1組（A）、**大・中**の組み合わせで1組（B）、**大・中・小**の組み合わせで2組（C）ずつ組み立てておく。

4 AにBを合わせて組み立てたら、バランスをみながらCを1組ずつ組み合わせていく。

5 接着剤をつけて根元に4cmほど糸を巻く。

6 **大1枚**の根元に糸を巻き、**中1枚**を合わせて組み立てる（D）。

7 大に**中1枚、小1枚**を合わせて組み立て、少し糸を巻き、次に**大1枚**を合わせて糸を巻く。

8 **6**で組み立てたDを合わせて糸を巻く。

9 **5**に**8**を組み合わせて糸を巻き、巻き終わりの処理をする。

編み図

大

編み始め
編み終わり

中

編み始め
編み終わり

小

編み始め
編み終わり

輪の作り目に鎖を1目編み、輪に針を入れて細編み1目編み、輪に引き抜く。鎖編みを編み図の数編んだら鎖の半目に引き抜き編み、細編みをしていく。輪に引き抜いて、次の葉先を編む。

アイビー

葉先の間を糸で縫い留めて
アイビーの形に仕上げます。
枝先は葉（小）を組み合わせて
作りましょう。

口絵 ——————— P.13
完成サイズ —— 長さ10.5cm
　　　　　　　　葉の直径1.3cm

材料

DMCスペシャルダンテル（NOIR＃80）
地巻きワイヤー（白＃35）

作り方

1 編み図にしたがって、**大**20枚、**小**5枚を編む。
　編み終わりの糸は30cmほど残して切る。

2 p71のを参照して、糸で葉先を縫い合わせる。

3 p45の55～56を参照して葉にワイヤーをつけ、
　形を整えて硬化液スプレーをかける。

4 **小**1枚の根元に8mmほど糸を巻き、5mmほど糸
　を巻いた**小**1枚を組み合わせる。8mmほど糸を
　巻いたら、同じようにして、根元に5～8mmほ
　ど糸を巻いた**葉**を合わせていく。ワイヤーは枝
　が太くなりすぎないよう、少しずつ切っていく。

5 最初の**葉**以外は、根元からワイヤーを曲げて立
　ち上げる。垂れ下がるように枝の形を整える。

6 葉をすべて組み合わせたら、2.5cmほど糸を巻き、
　巻き終わりの処理をする。

編み図

大

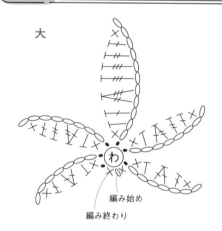

編み始め
編み終わり

小

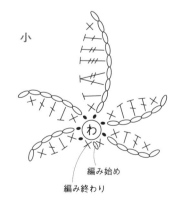

編み始め
編み終わり

p69の紅葉と同様に葉を編む。

葉の間を縫い留めて、形を仕上げます。

POINT 1

長いほうの糸を針に通し、裏側を上にして持つ。1枚目と2枚目の、葉先の端の糸を1本ずつ針にかけて縫う。

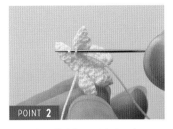

POINT 2

1の少し外側に、同じように1枚目と2枚目の、葉先の端の糸を1本ずつ針にかけて縫う。

POINT 3

さらに外側に、同じように1枚目と2枚目の、葉先の端の糸を1本ずつ針にかけて縫う。

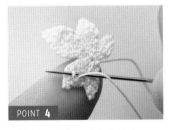

POINT 4

2枚目の葉先の中央あたりに、表に見えないよう針を入れて引く。

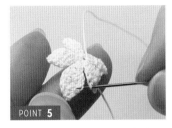

POINT 5

1〜3と同じように、今度は外側から内側に向かって、2枚目と3枚目の葉先の間を縫い留める。

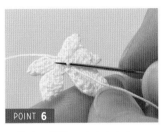

POINT 6

3枚目の葉先の中央あたりに、表に出ない糸を針ですくって糸を引き出す。

POINT 7

1〜3と同じように、今度は内側から外側に向かって、3枚目と4枚目の葉先の間を縫い留める。

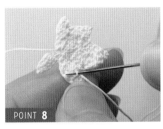

POINT 8

4枚目の葉先の中央あたりに、表に見えないよう針を入れて引く。

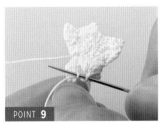

POINT 9

4枚目と5枚目の、葉先の端の糸を1本ずつ針にかけて縫う。

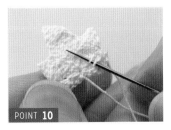

POINT 10

9の少し内側に、同じように4枚目と5枚目の、葉先の端の糸を1本ずつ針にかけて縫う。

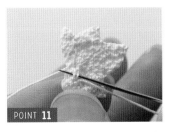

POINT 11

さらに内側に、同じように4枚目と5枚目の、葉先の端の糸を1本ずつ針にかけて縫う。

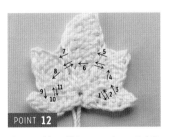

POINT 12

すべて縫い終わってところ（表側）。裏面を縫い留めたところは矢印のようになる。

桜

ワイヤーを編み込みながら、
花弁を1枚ずつ編んで作ります。
花弁の重なりが、本物のような美しさです。
ガクの部分など、細部までこだわった作品。

口絵 ─── P.9
完成サイズ ── 長さ11cm
　　　　　　　花の直径2cm

材料

DMC コルドネスペシャル(エクリュ♯80、BLANC♯80)
地巻きワイヤー(白♯35)
ガラスブリオン

作り方

1　編み図にしたがって、**花弁**を5枚、**ガク**を1枚
　編む。ワイヤーの編み込み方は、p36〜39を参照。
　ガクは輪を引き締めすぎないようにし、2mmほ
　どの穴ができるようにする。

2　**花弁**1枚と**ガク**の編み終わりの糸は30cmほど
　残して切る。それ以外の**花弁**は、糸は短く切っ
　ておく。**花弁**のワイヤーは、片方を1.5cmほど
　に切る。形を整え硬化液スプレーをかけておく。

3　p73のポイントを参照して**花弁**をまとめて**ガク**
　を組み合わせ、花の中央にブリオンをつける。

4　同じようにして、もう6個**花**を作る。

5　**花**2個を組み合わせて糸を巻き、3cmほど糸を
　巻く。

6　**花**5個を組み合わせて糸を巻き、合わせた根元
　を糸で10回ほど巻く。

7　**5**に**6**を組み合わせ、5cmほど糸を巻く。巻き
　終わりの処理をする。花の向きを整える。

編み図

花弁

編み始め
編み終わり

ガク
わ
編み始め
編み終わり

輪の作り目から鎖を立ち上げる。鎖6
目を編んだら鎖の半目に引き抜き編み、
細編みをしていく。輪に引き抜いて、
次の鎖6目を編む。

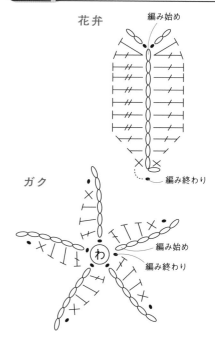

ワイヤーを編み込んだ花弁を5枚組み合わせます。

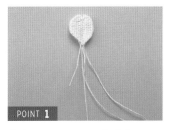

POINT 1

花弁のワイヤーは片方を1.5cm
ほどに切っておく。

POINT 2

花弁5枚をまとめて持ち、形を
整える。ワイヤーを90度に折る
とまとめやすい。

POINT 3

まとめた根元に接着剤を少しだ
けつけ、3回ほど糸を巻く。

POINT 4

茎になる長いワイヤー3本のみ
残し、ガク下のふくらみ部分の
長さで他のワイヤーと糸を切る。
接着剤をなじませる。

POINT 5

接着剤をつけた部分は数回戻っ
て糸を巻き、丸くふくらんだ形
になるようにする。

POINT 6

ガクをつける前、ガク下のふく
らみが完成したところ。

POINT 7

花のワイヤーに**ガク**の裏側を上
にして通す。ガクの先端が花弁
の間にくるようにする。

POINT 8

花の根元に接着剤をつけ、**ガク**
をつける。短いほうの糸端を3
mmほど残して切り、合わせて貼
りつける。

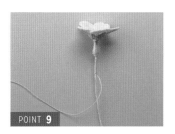

POINT 9

ガクの長いほうの糸を、接着剤
をつけながら巻いていく。

POINT 10

花の中心に接着剤をつける。

POINT 11

ブリオンの容器の中に**花**を入れ
る。

POINT 12

余分についたブリオンを振って
落とす。

金木犀

小さな花が集まった様子が可憐な金木犀。
忘れな草と同じ、
小花をまとめる作り方なので、
P34〜39の作り方を参照して作りましょう。

口絵 ———— P.18
完成サイズ —— 長さ7mm
　　　　　　　葉の長さ 大2.5cm、中2cm、小1.5cm

(材料)

DMC コルドネスペシャル(エクリュ♯80)
地巻きワイヤー(白♯35)

(作り方)

1　編み図にしたがって、花を36個、葉(大)を3枚、葉(中)を3枚、葉(小)を2枚編む。ワイヤーの編み込み方は、p36〜39を参照。

2　花はp39の**52**を参照してワイヤーを通す。花と葉は形を整え、硬化液スプレーをかけて乾かす。

3　花を15個(**A**)、12個(**B**)、9個(**C**)に分ける。p75のポイントを参照して、それぞれ**花を組み合わせ、ABC 3つの花束**を作る。

4　**B**の花束に葉(大)・葉(中)を組み合わせ、2.5cmほど糸を巻く。

5　**C**の花束に葉(大)・葉(中)・葉(小)を組み合わせて5mmほど糸を巻く。

6　**4**に**5**を合わせて糸を少し巻き、枝が太くなりすぎないよう、余分なワイヤーと短い糸を切る。2.5cmほど糸を巻く。

7　**A**の花束に葉(大)・葉(中)・葉(小)を組み合わせて5mmほど糸を巻く。

8　**6**に**7**を合わせて糸を少し巻き、枝が太くなりすぎないよう、余分なワイヤーと短い糸を切る。3cmほど糸を巻く。巻き終わりの処理をし、花や葉の向きを整える。

花

編み始め
編み終わり

葉（大）

編み終わり

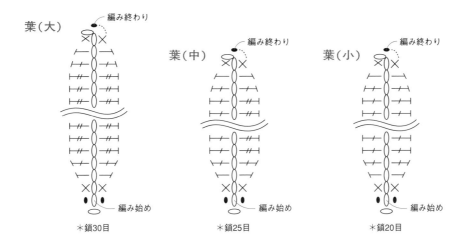

編み始め

＊鎖30目

葉（中）

編み終わり

編み始め

＊鎖25目

葉（小）

編み終わり

編み始め

＊鎖20目

POINT 小花は3つずつ束にして組み合わせていきます。

POINT **1**

p39を参照してワイヤーを通した花を3個ずつ組み合わせて束にする。5mmほど糸を巻く。

POINT **2**

1で作った花束を、糸の巻き終わりの位置を合わせて組み合わせる。

POINT **3**

丸い形になるよう、花束を組み合わせていく。すき間ができてしまったら、1つずつ花を足して組み合わせてバランスを整えてもよい。

スズラン

丸く編んだ花の形がかわいい作品。
花の根元の茎を曲げると、
スズランらしい形になります。
わすれな草(P34)の作り方を
参照して作りましょう。

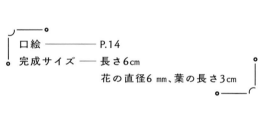

口絵 ————— P.14
完成サイズ —— 長さ6cm
　　　　　　　　　花の直径6 mm、葉の長さ3cm

材料

DMC コルドネスペシャル(BLANC♯80)
DMCスペシャルダンテル(NOIR♯80)
地巻きワイヤー(白♯35)

作り方

1　編み図にしたがって、花を5個、葉2枚を編む。ワイヤーの編み込み方は、p36〜39を参照。

2　p77を参照して、糸を花の中心から出し、花の形を丸く整える。

3　花はp39の**52**を参照してワイヤーを通す。花と葉は形を整え、硬化液スプレーをかけて乾かす。

4　花1つは根元に2cmほど、残りの花はそれぞれ1〜1.5cmほど、葉はそれぞれ2mmほど糸を巻いておく。

5　2cmほど糸を巻いた花に、別の花を組み合わせ、糸を5mmほど巻く。

6　同じようにして、残りの花も1つずつ組み合わせる。

7　葉1枚を茎の後ろ側にくるようにして組み合わせ、糸を3mmほど巻く。

8　残りの葉1枚を茎の前側にくるようにして組み合わせ、糸を2cmほど巻く。

9　巻き終わりの処理をし、花や葉の向きを整える。

花

葉（大）
葉（小）

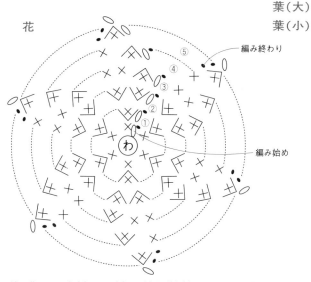

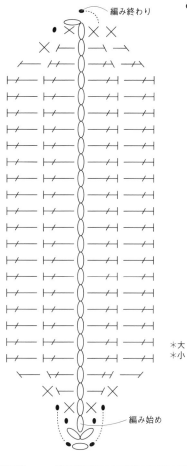

編み終わり

⑤
④
③
②
①

編み終わり

わ

編み始め

＊大：鎖35目
＊小：鎖25目

編み始め

輪の作り目に細編み6目編み、輪を引き締める。2、3段目は細編みの頭に針を入れ、増し目をしながら編む。4、5段目は細編みの頭に針を入れ、減らし目をしながら編む

POINT　花を編んだら、コテ先などで形を整えます。

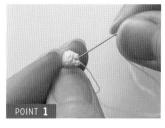

POINT 1

編み始めの糸は根元で切る。花の編み終わりの糸は30cmほど残して切り、縫い針に通し、糸が出ている近くの目に通す。

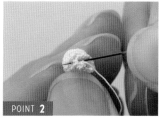

POINT 2

編み目1つ分くらい先に針を出す。

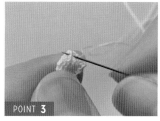

POINT 3

同じようにして、中心に向かって、編み目1つ分くらいに針を入れて出していく。

POINT 4

最後は花の根元の中心から針を出し、糸を引き出す。

POINT 5

花の根元の中心から糸を出したところ。

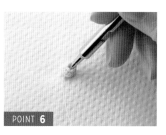

POINT 6

花をコテ台にのせ、スズランコテ（極小）コテ先を入れてクルクルと動かして形を整える。

ラベンダー

小さな小さな花を少しずつ束にして、
組み合わせて作ります。
段になるように組み立てるのがポイント。
わすれな草(p34)と同じタイプの作り方です。

┌ 口絵 ──────── P.10
└ 完成サイズ ── 長さ6.5cm
　　　　　　　　花の長さ5mm、葉(大)の長さ2.3cm、葉(小)1.8cm

材料

DMC コルドネスペシャル(BLANC＃80)
地巻きワイヤー(白＃35)

作り方

1 編み図にしたがって、**花(小)** 2個、**花
(大)** 10個、**葉(大)** 1枚、**葉(小)** 2枚を編
む。編み終わりの糸は20cmほど残して切
る。ワイヤーの編み込み方は、p36〜39
を参照。葉は形を整えて硬化液スプレー
をかけておく。

2 花はp79を参照してワイヤーを通し、2
個ずつ組み合わせていく。

3 花をすべて組み合わせたら7mmほど糸を
巻く。**葉(小)** は根元に糸を3回ほど巻き、
茎の右側に合わせて糸を3回巻く。

5 **葉(大)** は根元に糸を3回ほど巻き、茎の
左側に合わせて糸を3mmほど巻く。

6 残りの**葉(小)** は根元に糸を3回ほど巻き、
茎の手前側に合わせる。

7 糸を2.5cmほど巻く。巻き終わりの処理
をし、花や葉の向きを整える。

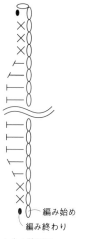

編み図

花(大)

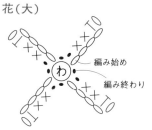

編み始め
編み終わり

花(小)

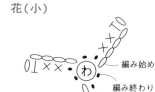

編み始め
編み終わり

輪の作り目をして鎖を5目編み、鎖の半目に針を入れて中長編み、細編み、引き抜き編みをしていく。輪に引き抜いて、次の葉先を編む。

葉

編み始め
編み終わり

＊大：鎖25目
＊小：鎖20目

POINT　ワイヤーを通した花は、2個ずつ合わせて組み立てます。

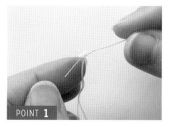

POINT 1

花(小)の編み終わりの糸を裏側に出しておく。ワイヤーの先を花の中心に通す。

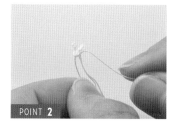

POINT 2

1.5cmほどのところでワイヤーを折り曲げ、長い方を花弁の間に入れる。

POINT 3

花の根元でワイヤーをしっかり合わせる。

POINT 4

花弁を親指と人差し指ではさみ、花弁を上に向け、形を整える。

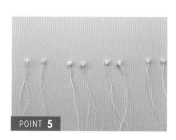

POINT 5

同じようにして、残りの花(小)1個、花(大)10個にワイヤーを通す。硬化液スプレーをかける。

POINT 6

花(小)2個は根元に2mmほど糸を巻く。2個を組み合わせて糸を巻く。

POINT 7

5mmほど糸を巻いたら、茎の左右に花を1個ずつ合わせる。残りの花(大)も同様にして組み合わせる。

アナベル

アナベルは、真っ白で
花弁の大きいアジサイです。
桜（p72）のように、ワイヤーを
編み込んだ花弁をまとめて作ります。

○ 口絵 ──── P.8
○ 完成サイズ ── 長さ6.5cm
　　　　　　　　　花の直径1.5cm

編み図

花弁

編み始め

編み終わり

材料

DMC コルドネスペシャル（エクリュ♯80）
手芸用の裸ワイヤー（直径0.2mm）
ペップ（2mmくらいのもの）

作り方

1　編み図にしたがって、花弁を4枚編む。ワイヤーの編み込み方は、p36〜39を参照。短い糸と短いワイヤーは根元で切り、硬化液スプレーをかける。

2　p73を参照して、花弁を4枚まとめ、根元に糸を1cmほど巻いていく。

3　ペップは頭を残して切り、花の中心に接着剤でつける。

4　同じようにしてもう19個花を作る。

5　花は4個ずつ組み合わせて糸を巻き、花束を5つ作る。それぞれ根元に1.5cmほど糸を巻く。

6　中心になる花束の周りに、1つずつ花束を合わせ、5回ほど糸を巻く。丸い形になるように組み合わせるのがポイント。

7　すべて花束を組み合わせたら、5cmほど糸を巻き、巻き終わりの処理をする。花の向きを整える。

POINT

POINT 1

花弁は編み始めの短い糸と、短い方のワイヤーを根元で切る。

POINT 2

p73を参照して、花弁4枚を組み合わせてまとめる。ワイヤーを90度に折るとまとめやすい。

ユリ

ユリも花弁を1枚ずつ
組み合わせて作ります。
花弁を合わせる位置がポイント。
花の根元の部分が少しずつ細くなるようにします。

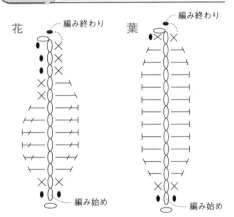

口絵 ──────── P.6
完成サイズ ── 長さ6.5cm
　　　　　　　花の直径2cm、葉の長さ1.5cm

材料

DMC コルドネスペシャル(BLANC♯80)
DMCスペシャルダンテル(NOIR♯80)
地巻きワイヤー(白♯35)
ペップ(2mmくらいのもの)

編み図

花　　編み終わり　　　葉　　編み終わり

編み始め　　　　　　　　　編み始め

作り方

1 編み図にしたがって、花を6枚、葉を1枚編む。ワイヤーの編み込み方は、p36〜39を参照。形を整え、硬化液スプレーをかける。

2 ポイント1を参照して、花弁を3枚まとめ、根元に糸を3回ほど巻く。

3 ポイント2を参照して、花弁の間に接着剤を薄くつけ、花弁の間にくるように、残り3枚の花弁を合わせる。

4 糸を少し巻いたら、花の根元が徐々に細くなるようワイヤーを切る。糸を1.5cmほど巻く。

5 葉は根元に2mmほど糸を巻き、茎の後ろ側にくるように合わせる。

6 糸を5cmほど巻き、巻き終わりの処理をする。花の向きを整える。

7 ペップ1本の周りに、少し高さを下げてペップ6本を組み合わせ、束にする。

8 p83を参照し、ペップの先端の下部分に接着剤をつけ、糸の切れ端でペップの束を巻く。

9 接着剤が乾いたら、先端から6mmほどのところで切る。花の中心に接着剤をつけ、8のペップの束をつける。

POINT

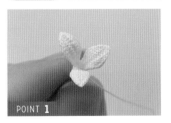

花弁3枚を合わせる。外側の、花弁と花弁の間に接着剤をつける。

花弁の間にくるように、残り3枚の花弁を合わせる。

クリスマスローズ

アネモネ(p46)のように、
1枚の編み地で何層かの花弁を編みます。
花弁を編み入れる位置をしっかり理解して編みましょう。

- 口絵 ——— P.20
- 完成サイズ —— 花の直径2.5cm、葉の長さ1cm

材料

DMC コルドネスペシャル(エクリュ♯80、BLANC♯80)
地巻きワイヤー(白♯35)

作り方

1 p46～53を参照し、編み図にしたがって、花と葉2枚を編む。編み終わりの糸は30cmほど残して切る。葉もアネモネの葉と同じ作り方。形を整えて硬化液スプレーをかけておく。

2 花はp53を参照してワイヤーを通し、根元に1cmほど糸を巻く。

3 葉はそれぞれ根元に5mmほど糸を巻く。

4 花の茎の後ろ側に1枚、その右側にもう1枚が来るように葉を合わせ、糸で巻いていく。

5 5cmほど糸を巻き、巻き終わりの処理をし、花や葉の向きを整える。

6 p83のポイントを参照してペップを束にする。花の中心に接着剤をつけ、ペップをつける。

編み図

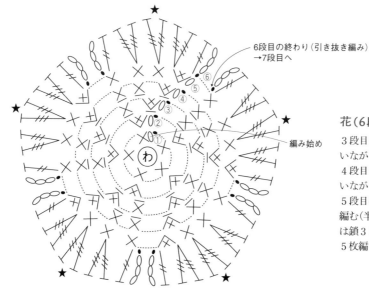

6段目の終わり(引き抜き編み)
→7段目へ

編み始め

花(6段目まで)

3段目は向こう側の半目を拾いながら増し目をして編む。
4段目も向こう側の半目を拾いながら増し目をして編む。
5段目は普通に増し目をして編む(半目拾わない)。6段目は鎖3目を立ち上げて花弁を5枚編む。

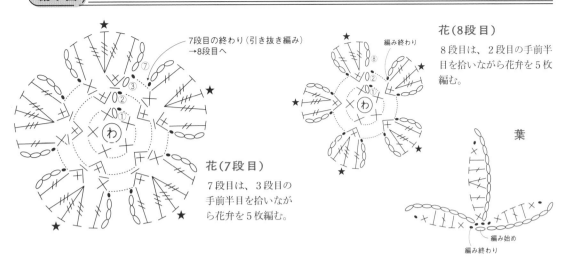

7段目の終わり(引き抜き編み)
→8段目へ

花(8段目)
8段目は、2段目の手前半目を拾いながら花弁を5枚編む。

編み終わり

花(7段目)
7段目は、3段目の手前半目を拾いながら花弁を5枚編む。

葉

編み始め
編み終わり

POINT ペップを束にしてつけます。ポイント8は着色する際に参照してください。

POINT 1

ペップを12〜13本ほど束にして持ち、長さを半分に切る。

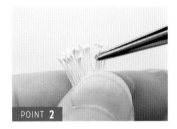

POINT 2

ピンセットで先端をそろえる。

POINT 3

先端の下に接着剤をつける。

POINT 4

糸を長さ15cmほどに切り、糸端をペップと一緒に持つ。切れ端の糸でよい。

POINT 5

ペップの先端から少し下のあたり、切る位置で糸を巻きつける。

POINT 6

接着剤が乾いたら、糸を巻いた位置でペップの束を切る。

POINT 7

花の中心に接着剤をつけ、ペップをつける。

POINT 8

ペップを着色する場合は、油性マーカーで塗っておく。

タンポポ

アネモネ（p46）と同じ作りで、タンポポは
10段目まで花弁を編み入れます。編み終わったら、
きちんと形を整えると美しく仕上がります。

口絵 ——— P.15
完成サイズ —— 長さ8cm 花の直径1.5cm

材料

DMC コルドネスペシャル（BLANC＃80）
地巻きワイヤー（白＃35）

作り方

1 p46〜53を参照し、編み図にしたがって、花と
ガクを編む。p85のポイントを参照し、花は1
段編み終わるごとに形をピンセットで整える。
編み終わりの糸は30cmほど残して切る。形を整
え、硬化液スプレーをかける。

2 p53を参照して花にワイヤーを通し、3回ほど
糸を巻く。形を整え、硬化液スプレーをかける。

3 ガクは裏側を上にし、中心に花のワイヤーを通
す。花の根元に接着剤をつけ、ガクをしっかり
貼りつける。

4 ガクの糸でワイヤーを巻いていく。

5 6cmほど糸を巻き、巻き終わりの処理をし、花
や葉の向きを整える。

編み図

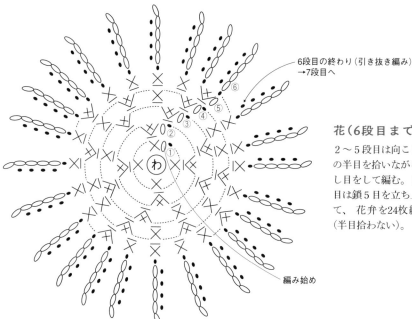

6段目の終わり（引き抜き編み）
→7段目へ

花（6段目まで）

2〜5段目は向こう側
の半目を拾いながら増
し目をして編む。6段
目は鎖5目を立ち上げ
て、花弁を24枚編む
（半目拾わない）。

編み始め

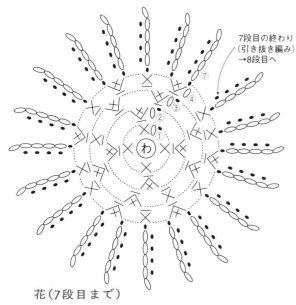

7段目の終わり
（引き抜き編み）
→8段目へ

花（7段目まで）

7段目は、4段目の手前半目を拾いながら花弁を20枚編む。

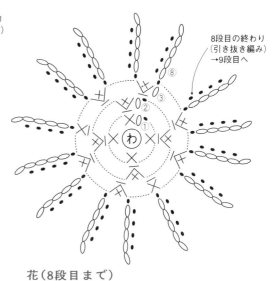

8段目の終わり
（引き抜き編み）
→9段目へ

花（8段目まで）

8段目は、3段目の手前半目を拾いながら花弁を14枚編む。

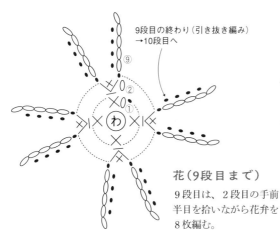

9段目の終わり（引き抜き編み）
→10段目へ

花（9段目まで）

9段目は、2段目の手前半目を拾いながら花弁を8枚編む。

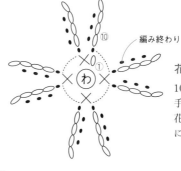

編み終わり

花（10段目まで）

10段目は、1段目の手前半目を拾いながら花弁を8枚編む（1目に2枚入れる）。

POINT 花は1段編むごとに形を整えます。

花弁を6段目まで編んだところ。花弁を1枚ずつピンセットでつかみ、形を整える。

ガク

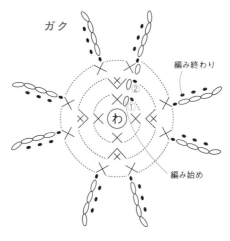

編み終わり

編み始め

シロツメクサ

3枚の花弁を重ねて作る花です。
花弁のうち2枚は、アネモネ(p46)と同じ作り方。
立体的になるよう花弁の形を整えるのがコツ。
葉は三つ葉と四つ葉の種類あります。

口絵 ——————— P.15
完成サイズ —— 長さ9cm
　　　　　　　　花の直径1.2cm、葉の直径1.2cm

材料

DMC コルドネスペシャル(エクリュ♯80、BLANC♯80)
地巻きワイヤー(白♯35)

作り方

1 編み図にしたがって、**花弁A、B、C、葉**を編む。花は、上からABCの順で重ねて組み立てる。花弁B、Cの編み方はp46〜53を参照する。p85のポイントを参照し、花は1段編み終わるごとに形をピンセットで整える。

2 **花弁A、B**の編み終わりの糸は10cmほど、**花弁C**の糸は30cmほど残し切る。形を整え、硬化液スプレーをかける。

3 花はp87のポイントを参照して、重ねて組み合わせる。糸を8cmほど巻き、巻き終わりの処理をし、向きを整える。形を整え、硬化液スプレーをかける。

4 葉は編み図にしたがってそれぞれ編み、p53の手順77〜80を参照して葉にワイヤーを通す。編み終わりの糸は30cmほど残して切る。形を整え、硬化液スプレーをかける。7cmほど糸を巻き、巻き終わりの処理をする。

編み図

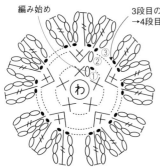

編み始め
3段目の終わり(引き抜き編み)
→4段目へ

花C(3段目まで)

3段目は、2段目の向こう側半目を拾いながら花弁15枚編む(2段目は10目なので、1目に2枚、次の1目に1枚を交互に繰り返して全部で15枚)。

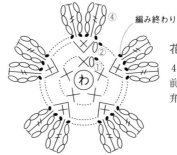

編み終わり

花C(4段目)

4段目は、2段目の手前半目を拾いながら花弁を10枚編む。

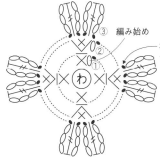

③ 編み始め

3段目の終わり(引き抜き編み)
→4段目へ

② ①

花B(3段目まで)

2段目は、向こう側の
半目を拾いながら増し
目をして編む。3段目
は鎖3目を立ち上げて
花弁を8枚編む。

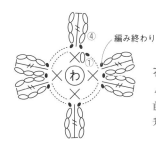

④ 編み終わり

花B(4段目)

4段目は、1段目の手
前半目を拾いながら花
弁6枚編む。

編み始め

編み終わり

花A

鎖4目編み、最初の目に長々編
みを編み入れ、鎖3目編んで同
じ目に引き抜く。もう1枚の花
弁は、鎖3目編み、1枚目と同
じ目に長々編みを編み入れ、鎖
3目編んで同じ目に引き抜く。

三つ葉

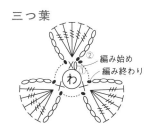

② 編み始め
① 編み終わり

四つ葉

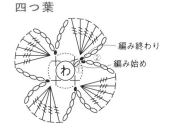

④ 編み終わり
② 編み始め

POINT 3枚の花を重ねて組み立てます。

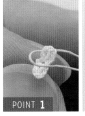

POINT **1**

ワイヤーを半分に折り曲げ、**花
弁A**の真ん中に輪の部分をかけ
る。根元でワイヤーを押さえ、
まとめる。

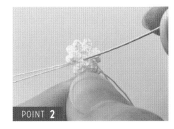

POINT **2**

1でつけた**花弁A**のワイヤーを
花弁Bの中心に通す。

POINT **3**

花弁Aの糸は3mmほど残して切
る。**花弁B**の中心に接着剤をつ
ける。

POINT **4**

花弁Aを根元まで差し込み、し
っかりつける。

POINT **5**

花弁Cの中心にワイヤーを通し、
花弁Bの糸を3mmほど残して切
る。**花弁C**の中心に接着剤をつ
け、**花弁B**を根元まで差し込み、
つける。

POINT **6**

花弁を1枚ずつピンセットでつ
かみ、形を整える。

ポインセチア

パンジー（p40）と同じタイプの花。
4枚の花弁を編み、重ねることで、華やかさを表現します。
金色のブリオンを中心につけて。

口絵 ─────── P.20
完成サイズ ── 長さ7cm、花の直径2cm、葉の長さ1.2cm

材料

DMC コルドネスペシャル（BLANC＃80）
地巻きワイヤー（白＃35）
ブリオン（金色）

作り方

1 編み図にしたがって、花弁A、B、C、Dを1枚ずつ編む。
  花弁Dのみ、編み終わりの糸を30cmほど残し、他は10
  cmほど残して切る。

2 葉は4枚編む。ワイヤーの編み込み方は、p36〜39を
  参照。形を整え、硬化液スプレーをかける。根元に5
  mmほど糸を巻いておく。

3 ワイヤーを半分に折り曲げ、片方の先端を花弁Aの中
  心に通す。もう片方は花弁の間に入れ、根元でワイヤ
  ーを押さえ、まとめる。花弁の重ね方はp87のポイン
  トを参照する。

4 花弁Aのワイヤーを花弁Bの中心に通す。花弁Aの糸は
  3mmほど残して切る。花弁Bの中心に接着剤をつけ、
  花弁Aを根元まで差し込みつける。

5 花弁Cの中心にワイヤーを通し、花弁Bの糸は3mmほ
  ど残して切る。花弁Cの中心に接着剤をつけ、花弁B
  を根元まで差し込み、しっかりつける。

6 花弁Dの中心にワイヤーを通し、花弁Cの糸は3mmほ
  ど残して切る。花弁Dの中心に接着剤をつけ、花弁C
  を根元まで差し込み、しっかりつける。

7 花の根元から1.5cmほど糸を巻く。

8 茎の左右にバランスよく、1枚ずつ葉を組み合わせ、
  糸を巻いていく。

9 すべての葉を組み合わせたら、4cmほど糸を巻き、巻
  き終わりの処理をする。形を整え、硬化液スプレーを
  かける。

10 p73のポイントを参照し、中心にブリオンをつける。

編み図

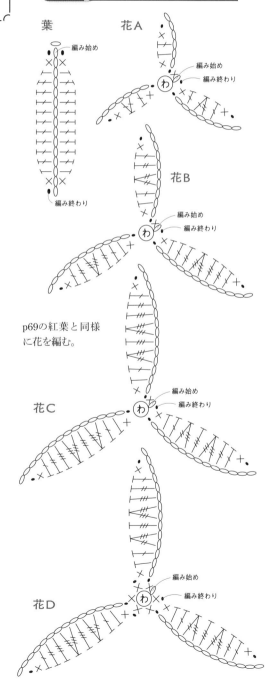

葉　　　花A

花B

p69の紅葉と同様
に花を編む。

花C

花D

編み始め
編み終わり
わ

編み始め
編み終わり

月下美人

大輪の花が美しい月下美人は、あえて茎を作らず、
花だけを楽しみます。一粒ピアスにピッタリの花です。
花の組み立て方はポインセチア（p88）と同じ。

口絵 ─────── P.17
完成サイズ ── 花の直径3cm

材料

DMC コルドネスペシャル（BLANC＃80）
地巻きワイヤー（白＃35）
ブリオン

作り方

1 編み図にしたがって、花弁A、B、C、Dを1
枚ずつ編む。花弁Dのみ、編み終わりの糸を
30cmほど残し、それ以外は10cmほど残して
切る。

2 ワイヤーを半分に折り曲げ、片方の先端を花
弁Aの中心に通す。もう片方は中心に近い目
のどこかに入れ、根元でワイヤーを押さえ、
まとめる。花弁の重ね方はp87のポイントを
参照する。

3 花弁Aのワイヤーを花弁Bの中心に通す。花
弁Aの糸を3mmほど残して切る。花弁Bの中
心に接着剤をつけ、花弁Aを根元まで差し込
み、しっかりつける。

4 花弁Cの中心にワイヤーを通し、花弁Bの糸
を3mmほど残して切る。花弁Cの中心に接着
剤をつけ、花弁Bを根元まで差し込み、しっ
かりつける。

5 花弁Dの中心にワイヤーを通し、花弁Cの糸
糸を3mmほど残して切る。花弁Dの中心に接
着剤をつけ、花弁Cを根元まで差し込み、し
っかりつける。

6 形を整え、硬化液スプレーをかける。p73の
ポイントを参照し中心にブリオンをつける。

7 花の根元の処理は、作るアクセサリーに合わ
せて調整する。ブローチやネックレス、ドロ
ップタイプのピアスにする場合は、根元に必
要な分だけ糸を巻く。一粒ピアスにする場合
は、ワイヤーをシャワー台に通して固定し、
糸で縫いつけておくとよい。

編み図

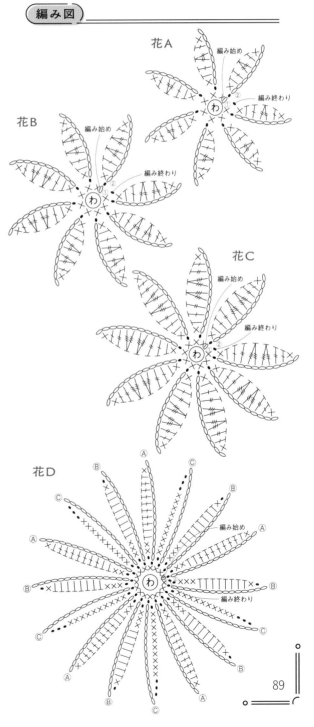

花A

花B

花C

花D

ローズマリー

シンプルな編み地の葉を
重ねて組み合わせて、
独特の形状を作ります。
重ねる枚数で大きさを変えて。

口絵 ——— P.10
完成サイズ —— 大：長さ6cm、小：長さ5cm
　　　　　　　　葉の長さ8mm

材料

DMC コルドネスペシャル
（エクリュ＃80、BLANC＃80）
地巻きワイヤー（白＃35）

作り方

1　編み図にしたがって、二葉1枚、三つ葉10枚を編む。編み終わりの糸は、二葉1枚のみ、30cmほど残して切り、残りは15cmほど残して切る。

2　葉はp91を参照して組み合わせていく。二葉の長い糸で巻いていき、短い糸は数mm巻き込んだらその都度切る。

3　すべて組み合わせたら、2cmほど糸を巻き、巻き終わりの処理をし、花や葉の向きを整える。硬化液スプレーをかけて乾かす。

4　大きいサイズは二葉・三つ葉を7枚ずつ編み、同じようにして作る。

編み図

二葉

二葉は鎖8目編み、左隣の鎖の半目に針を入れて引き抜き編み2目、細編み3目、引き抜き編み3目を編む。左隣の鎖の半目に針を入れて引き抜き編み2目、細編み2目、引き抜き編み3目を編み、編み始めの鎖の半目に引き抜く。

三つ葉

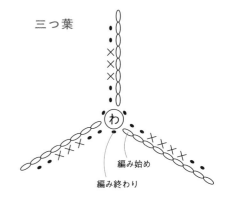

POINT 葉を重ねるときは、最初の二葉の長い糸で巻いていきます。

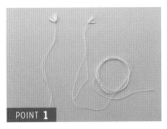

POINT 1

三つ葉と二葉を用意する。二葉1枚は、編み終わりの糸を30cmほど残して切る。

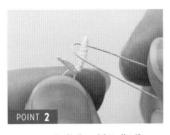

POINT 2

ワイヤーを半分に折り曲げ、二葉の真ん中に輪の部分をかける。

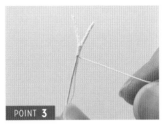

POINT 3

根元でワイヤーを押さえてまとめ、根元に3mmほど糸を巻く。

POINT 4

三つ葉の中心にワイヤーを通す。

POINT 5

三つ葉の糸はワイヤーとそろえて持つ。二葉の糸を、三つ葉の葉の間から通して巻いていく。

POINT 6

三つ葉の糸もワイヤーとまとめて持ち、5mmほど糸を巻く。次の葉を入れる前に切る。

POINT 7

三つ葉を重ね、その都度5mmほど糸を巻く。短い糸は切っていく。

No. 15

レモン

立体的な袋状に編んで、実を作ります。
袋の中に糸くずを詰めて、
形を整えるのがポイント。
小さな花と葉をつけてアクセントに。

口絵 ———————— P.11
完成サイズ —— 実の大きさ1.2cm
　　　　　　　　花の直径8mm、葉の長さ8mm

材料

DMC コルドネスペシャル(エクリュ♯80、BLANC♯80)
地巻きワイヤー(白♯35)
ブリオン

作り方

1 編み図にしたがって、**花**1枚を編む。
p39を参照してワイヤーを通す。形を整
え、硬化液スプレーをかけて乾かす。

2 p73のポイントを参照して、**花**の中心に
ブリオンをつける。

3 **葉**は編み図にしたがって編む。ワイヤー
の編み込み方は、p36〜39を参照。**花**と
葉は形を整え、硬化液スプレーをかける。

4 **実**を編む。輪の作り目に細編み5目編み、
輪を引き締める。2段目は細編みの頭に
針を入れ、細編みをする。3段目以降は
細編みの頭に針を入れ、目を増減して編
む。最後の11段めを残したところ、10
段目を引き抜くところまで編む。**実**の裏
側(内側)に出ている糸は、編み針を**実**の
内側に入れ、糸を針にかけて表側に引き
出す。

5 p93のポイントを参照して、ワイヤーを
半分に折り曲げ、輪の部分を**実**の中に入
れる。

6 糸くずを**実**の中に詰めたら、最後の1段
を編み、糸を引き抜く。

7 根元に少し糸を巻き、**葉**を茎の前側に来
るように合わせて、糸を巻く。

8 少し糸を巻き、**花**を葉の前側に来るよう
に合わせる。5mmほど糸を巻き、巻き終
わりの処理をする。

編み図

実

花

葉

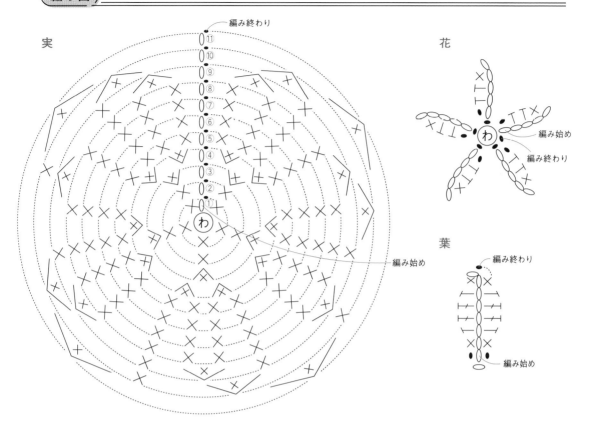

実

編み終わり

⑪
⑩
⑨
⑧
⑦
⑥
⑤
④
③
②
①

わ

編み始め

花

編み始め
編み終わり

わ

葉

編み終わり

編み始め

POINT 　実は10段目まで編んだところで、糸くずを詰めて立体的にします。

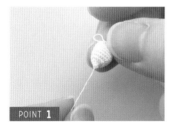

POINT 1

編み始めの糸を表に出してひっぱり、先端を尖った形に整える。

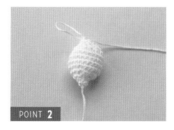

POINT 2

10段目まで編んだところで、いったん止めて針を抜く。

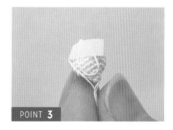

POINT 3

途中の糸がほどけないよう、マスキングテープで留めておく。

POINT 4

ワイヤーを2つ折りにして実の中に差し込む。

POINT 5

ピンセットで糸くずを詰める。

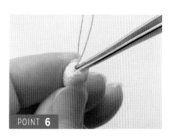

POINT 6

しっかり詰めて、形を整える。留めておいた編み目に針を戻し、残りの11段目を編む。

ユーカリ

ユーカリ・ポポラスという種類のつぼみを
ワイヤーに糸を巻いて表現しました。
葉はわすれな草（p34）と同じように
ワイヤーを編み込むタイプです。

口絵 ——— P.19
完成サイズ —— 長さ9cm
　　　　　　　実の直径2mm、
　　　　　　　葉（大）の長さ2cm、葉（小）の長さ1.3cm

材料

DMC コルドネスペシャル
（エクリュ♯80）
地巻きワイヤー（白♯35）

編み図

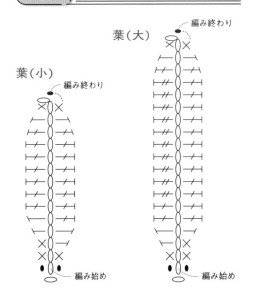

葉（大）
編み終わり
葉（小）
編み終わり
編み始め
編み始め

作り方

1 編み図にしたがって、葉（大）を6枚、葉（小）を
　3枚編む。p36〜39を参照してワイヤーを編み
　込む。形を整え、硬化液スプレーをかける。

2 実はp95のポイントを参照して、38個作る。

3 実は7個の束(A)、4個の束(B)、9個の束(C)、
　12個の束(D)、6個の束(E)をそれぞれ作り、糸
　を少し巻いておく。形を整えて、硬化液スプレ
　ーをかけて乾かす。

4 実の束Aの根元に糸を5mmほど巻き、左側に束
　Bを合わせ、3回ほど糸を巻く。

5 右側に葉（小）を合わせ、糸を1cmほど巻く。

6 茎が太くなってきたら、太さが急に変わらない
　ように、ワイヤーと糸を短いものから長さを変
　えながら切る。

7 茎の前側に束Cと葉（大）1枚、葉（小）1枚を合
　わせる。糸を少し巻き、茎の右側に葉（大）を合
　わせ、2cmほど糸を巻く。

8 束Dに束E、葉（大）1枚、葉（小）1枚を合わせて、
　組み立てる。

9 7に8を合わせて糸を少し巻き、残りの葉（大）
　をバランスよく合わせ、糸を3cmほど巻く。巻
　き終わりの処理をする。

POINT 　実はワイヤーに糸を巻いて作ります。

POINT **1**

ワイヤーを15cmほど切り、糸端を5cmほどそろえて持つ。

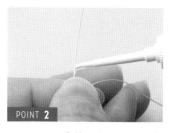

POINT **2**

ワイヤーの先端から2cmほどあけて、接着剤を5mmほどのところにつける。

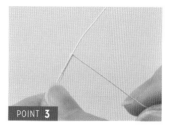

POINT **3**

接着剤をつけた部分に糸を巻く。

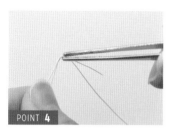

POINT **4**

糸を巻いた部分の真ん中をピンセットではさみ、折り曲げる。

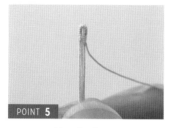

POINT **5**

しっかり折り曲げる。

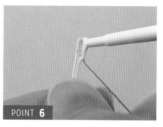

POINT **6**

輪の片方に接着剤を少しつける。

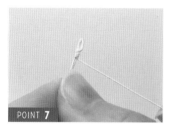

POINT **7**

糸を下から上に巻いていき、輪の先端が少し見えるくらいまで巻く。

POINT **8**

そこから下に向かって、真ん中くらいまで巻く。

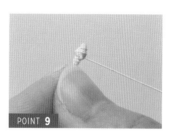

POINT **9**

上下に行ったり来たりして、真ん中が太くなるよう糸を巻く。

POINT **10**

真ん中が2mmほどの太さになったら、下まで巻いて、根元に3mmほど糸を巻く。

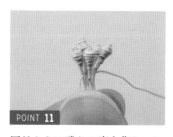

POINT **11**

同じように残りの実も作り、いくつかまとめて合わせ、組み立てる。

POINT **12**

束にしたら、根元から下に曲げて形を整える。

著者
Lunarheavenly　中里 華奈

レース編み作家。2009年にLunarheavenlyを立ち
上げ、個展を中心に活動。著書に『かぎ針で編む
ルナヘヴンリィの小さなお花のアクセサリー』
(河出書房新社)などがある。

装丁・本文デザイン・DTP　　鈴木あづさ
　　　　　　　　　　　　　(細山田デザイン事務所)
図版　　　　　　　　　　　AD・CHIAKI(坂川 由美香)
撮影　　　　　　　　　　　安井真喜子
撮影協力　　　　　　　　　Tetsu Moku(p13)
編集　　　　　　　　　　　山田文恵

ルナヘヴンリィの
大人のかぎ針編みアクセサリー
はじめてでも作りやすいモチーフ20

2021年 3月10日初版第 1 刷発行
2022年11月15日初版第 5 刷発行

著者　　　　Lunarheavenly 中里 華奈
　　　　　　（ルナヘヴンリィ なかざと かな）
発行人　　　佐々木 幹夫
発行所　　　株式会社 翔泳社
　　　　　　(https://www.shoeisha.co.jp)
印刷・製本　株式会社 シナノ

©2021 Lunarheavenly Kana Nakazato

ISBN　　　978-4-7981-6744-2
Printed in Japan

本書内容に関する
お問い合わせについて

このたびは翔泳社の書籍をお買い上げいただき、誠
にありがとうございます。弊社では、読者の皆様か
らのお問い合わせに適切に対応させていただくため、
以下のガイドラインへのご協力をお願い致しており
ます。下記項目をお読みいただき、手順に従ってお
問い合わせください。

●ご質問される前に
弊社Webサイトの「正誤表」をご参照ください。こ
れまでに判明した正誤や追加情報を掲載しています。

正誤表
https://www.shoeisha.co.jp/book/errata/

●ご質問方法
弊社Webサイトの「刊行物Q&A」をご利用ください。

刊行物Q&A
https://www.shoeisha.co.jp/book/qa/

インターネットをご利用でない場合は、FAXまたは
郵便にて、下記"翔泳社 愛読者サービスセンター"
までお問い合わせください。
電話でのご質問は、お受けしておりません。

●回答について
回答は、ご質問いただいた手段によってご返事申し
上げます。ご質問の内容によっては、回答に数日な
いしはそれ以上の期間を要する場合があります。

●ご質問に際してのご注意
本書の対象を越えるもの、記述個所を特定されない
もの、また読者固有の環境に起因するご質問等には
お答えできませんので、予めご了承ください。

●郵便物送付先およびFAX番号
送付先住所〒160-0006　東京都新宿区舟町 5
FAX番号　03-5362-3818
宛先　　　　(株)翔泳社 愛読者サービスセンター

※本書に記載されたURL等は予告なく変更される
場合があります。
※本書の出版にあたっては正確な記述につとめまし
たが、著者や出版社などのいずれも、本書の内容に
対してなんらかの保証をするものではなく、内容や
サンプルに基づくいかなる運用結果に関してもいっ
さいの責任を負いません。
※本書に掲載されている写真は印刷物のため、実際
の作品の色とは違って見えることがあります。ご了
承ください。
※本書に記載されている会社名、製品名はそれぞれ
各社の商標および登録商標です。